中国社会科学院国情调研特大项目"精准扶贫精准脱贫百村调研"

精准扶贫精准脱贫百村调研丛书
CASE STUDIES OF TARGETED POVERTY REDUCTION AND
ALLEVIATION IN 100 VILLAGES

李培林／主编

精准扶贫精准脱贫
百村调研·松坪村卷

少数民族贫困山村的社区主导扶贫

李人庆　齐云晴／著

社会科学文献出版社
SOCIAL SCIENCES ACADEMIC PRESS (CHINA)

"精准扶贫精准脱贫百村调研丛书"
编委会

主　编：李培林

副主编：马　援　魏后凯　陈光金

成　员：（按姓氏笔画排序）

王子豪　王延中　李　平　张　平　张　翼

张车伟　荆林波　谢寿光　潘家华

中国社会科学院国情调研特大项目
"精准扶贫精准脱贫百村调研"
项目协调办公室

主 任：王子豪

成 员：檀学文　刁鹏飞　闫　珺　田　甜　曲海燕

总　序

　　调查研究是党的优良传统和作风。在党中央领导下，中国社会科学院一贯秉持理论联系实际的学风，并具有开展国情调研的深厚传统。1988年，中国社会科学院与全国社会科学界一起开展了百县市经济社会调查，并被列为"七五"和"八五"国家哲学社会科学重点课题，出版了《中国国情丛书——百县市经济社会调查》。1998年，国情调研视野从中观走向微观，由国家社科基金批准百村经济社会调查"九五"重点项目，出版了《中国国情丛书——百村经济社会调查》。2006年，中国社会科学院全面启动国情调研工作，先后组织实施了1000余项国情调研项目，与地方合作设立院级国情调研基地12个、所级国情调研基地59个。国情调研很好地践行了理论联系实际、实践是检验真理的唯一标准的马克思主义认识论和学风，为发挥中国社会科学院思想库和智囊团作用做出了重要贡献。

党的十八大以来，在全面建成小康社会目标指引下，中央提出了到2020年实现我国现行标准下农村贫困人口脱贫、贫困县全部"摘帽"、解决区域性整体贫困的脱贫攻坚目标。中国的减贫成就举世瞩目，如此宏大的脱贫目标世所罕见。到2020年实现全面精准脱贫是党的十九大提出的三大攻坚战之一，是重大的社会目标和政治任务，中国的贫困地区在此期间也将发生翻天覆地的变化，而变化的过程注定不会一帆风顺或云淡风轻。记录这个伟大的过程，总结解决这个世界性难题的经验，为完成这个攻坚战献计献策，是社会科学工作者应有的责任担当。

2016年，中国社会科学院根据中央做出的"打赢脱贫攻坚战"战略部署，决定设立"精准扶贫精准脱贫百村调研"国情调研特大项目，集中优势人力、物力，以精准扶贫为主题，集中两年时间，开展贫困村百村调研。"精准扶贫精准脱贫百村调研"是中国社会科学院国情调研重大工程，有统一的样本村选择标准和广泛的地域分布，有明确的调研目标和统一的调研进度安排。调研的104个样本村，西部、中部和东部地区的比例分别为57%、27%和16%，对民族地区、边境地区、片区、深度贫困地区都有专门的考虑，有望对全国贫困村有基本的代表性，对当前中国农村贫困状况和减贫、发展状况有一个横断面式的全景展示。

在以习近平同志为核心的党中央坚强领导下，党的十八大以来的中国特色社会主义实践引导中国进入中国特色社会主义新时代，我国经济社会格局正在发生深刻变化，脱贫攻坚行动顺利推进，每年实现贫困人口脱贫1000多万人，贫困人口从2012年的9899万人减少到2017年的3046万人，在较短时间内实现了贫困村面貌的巨大改观。中国社会科学院组建了一百支调研团队，动员了不少于500名科研人员的调研队伍，付出了不少于3000个工作日，用脚步、笔尖和镜头记录了百余个贫困村在近年来发生的巨大变化。

根据规划，每个贫困村子课题组不仅要为总课题组提供数据，还要撰写和出版村庄调研报告，这就是呈现在读者面前的"精准扶贫精准脱贫百村调研丛书"。为了达到了解国情的基本目的，总课题组拟定了调研提纲和问卷，要求各村调研都要执行基本的"规定动作"和因村而异的"自选动作",了解和写出每个村的特色,写出脱贫路上的风采以及荆棘!对每部报告我们都组织了专家评审,由作者根据修改意见进行修改,直到达到出版要求。我们希望,这套丛书的出版能为脱贫攻坚大业写下浓重的一笔。

中共十九大的胜利召开,确立习近平新时代中国特色社会主义思想作为各项工作的指导思想,宣告中国特色社会主义进入新时代,中央做出了社会主要矛盾转化的重大判断。从现在起到2020年,既是全面建成小康社会的决胜期,也是迈向第二个百年奋斗目标的历史交会期。在此期间,国家强调坚决打好防范化解重大风险、精准脱贫、污染防治三大攻坚战。2018年春节前夕,习近平总书记到深度贫困的四川凉山地区考察,就打好精准脱贫攻坚战提出八条要求,并通过脱贫攻坚三年行动计划加以推进。与此同时,为应对我国乡村发展不平衡不充分尤其突出的问题,国家适时启动了乡村振兴战略,要求到2020年乡村振兴取得重要进展,做好实施乡村振兴战略与打好精准脱贫攻坚战的有机衔接。通过调研,我们也发现,很多地方已经在实际工作中将脱贫攻坚与美丽乡村建设、城乡发展一体化结合在一起开展。可以预见，贫困地区的脱贫攻坚将不再只局限于贫困户脱贫，我们有充分的信心从贫困村发展看到乡村振兴的曙光和未来。

是为序！

全国人民代表大会社会建设委员会副主任委员

中国社会科学院副院长、学部委员

2018 年 10 月

前　言

云南省大理市鹤庆县的松坪村，是少数民族连片特困高寒山区的典型贫困村庄。该村贫困具有历史性、长期性和普遍性的特征。但自20世纪末以来，在政府精准扶贫政策的推动下，该村反贫困工作效果显著，对农民赋权方面的经验对全国的反贫困工作十分有借鉴意义。尤其是扶贫项目的发展，不仅有效地推动了村民和村庄的经济社会发展，而且对于村民能力建设——赋权有很大的成效。村民主动、普遍参与到反贫困进程中，了解和关心村庄的发展。这也为以国家为主体的扶贫项目提供了丰富的经验，有利于政府与非政府组织合作推动扶贫工作的开展。"自上而下"与"自下而上"两种不同的扶贫方式的综合性运用，也是现阶段最需要进行探索的扶贫路径。

本次调研主要采取问卷和深入访谈相结合

的方法，综合分析在松坪村政府和六合乡收集的各类资料，并在阅读相关反贫困文献后，完成该调研报告的写作。该调研报告主要介绍松坪村有效的反贫困经验，希望给予以后扶贫工作一定的指导。

该调研报告共分为六个章节，具体阐述松坪村的扶贫状况和当地扶贫经验。第一章为松坪村的基本情况，对松坪村的自然环境、社会环境和历史进行具体介绍。松坪村是位于云南高寒山区的少数民族村庄，属于连片特困地区。第二章为扶贫开发：从区域到主体，集中阐述国家对该村的扶贫政策与措施。对于高寒山区来说，基础设施尤其是道路和水力设施建设是影响当地经济发展的重要因素。国家力量解决了当地面临的水、路难题。第三章为社区主导型发展，即CDD项目。自2013年起，松坪社区进行项目试点，共有14个村民小组参与自主发展项目，并且获得良好效果。第四章为社区发展基金，即CDF项目。该项目由1999年在松坪社区推行的小额信贷项目转化而来，成为社区持续、综合的发展机制。扶贫项目的实施是松坪社区发展的重大机遇和挑战，值得长期关注。第五章是对政府主导和社区主导的扶贫模式进行对比分析，探讨精准扶贫的主体性逻辑，以及在中国扶贫发展历程中的赋权情况。第六章则是精准扶贫经验总结，提出创新主体性精准扶贫机制。

目 录

// 001　第一章　松坪村的基本情况

　　/ 003　第一节　村庄沿革和历史

　　/ 005　第二节　自然环境和社会环境特征

　　/ 011　第三节　扶贫成效

　　/ 019　第四节　村庄发展阶段与贫困状况

　　/ 022　第五节　少数民族贫困状况

　　/ 023　第六节　小结

// 027　第二章　扶贫开发：从区域到主体

　　/ 031　第一节　精准扶贫与整村推进

　　/ 039　第二节　松坪村的特色产业
　　　　　　　　　——烤烟产业的发展态势

　　/ 044　第三节　产业发展与反贫困

　　/ 049　第四节　小结

// 053　第三章　社区主导型发展CDD

　　/ 056　第一节　CDD概述

　　/ 060　第二节　项目整体过程与状况

　　/ 062　第三节　松坪村CDD扶贫效果

// 073　第四章　社区发展基金

　　/ 076　第一节　CDF 概述

　　/ 079　第二节　松坪村 CDF 项目过程与现状

　　/ 083　第三节　成效与问题

　　/ 086　第四节　小结

// 089　第五章　精准扶贫的主体性逻辑与赋权发展

　　/ 091　第一节　扶贫资源传递中的主体性逻辑

　　/ 094　第二节　社区主导与赋权发展

// 107　第六章　精准扶贫经验总结

　　/ 111　第一节　精准扶贫与扶贫的主体性

　　/ 114　第二节　创新主体性精准扶贫发展机制

　　/ 121　第三节　小结

// 129　附　录

　　/ 151　附录　社区主导手册操作表附录

// 143　参考文献

// 149　后　记

第一章

松坪村的基本情况

第一节　村庄沿革和历史

云南省大理市六合乡松坪村是一个以彝族为主的少数民族村，坐落在海拔约2500米、落差近千米、距离县城50多公里的高寒山区。据当地人回忆，原来的松坪村和山下的一个被称为"妹地村"的村庄同属于同一个大队，而后在20世纪八九十年代村公署成立的时候就分开了。松坪村就成为一个独立的行政村，由松坪、城墙坡、大稿、麻塘和西坡等五个小组组成，沿着山势错落分布。整个村落共有280户

（1009人），每个村小组和自然村落还分散为几个小聚落，村民小组和农户家庭之间相隔较远，各小组的人口情况见表1-1。

表1-1 2017年松坪村五个村民小组概况

项目	松坪	城墙坡	大稿	麻塘	西坡	总计
自然村（个）	3	2	4	2	3	14
家庭户（户）	68	40	63	45	64	280
人数（人）	261	140	222	166	220	1009

资料来源：精准扶贫精准脱贫百村调研松坪村调研。

说明：本书统计表格和图，除特殊标注，均来自松坪村调研。

从松坪村成立之初，其村公署就驻在第一村民小组老松坪村内。2000年，村公署在麻塘新建了行政办公场所，村公署搬迁至麻塘（位于整个松坪村中心）。此后，村公署改称村民委员会。

图1-1 村庄概况

（齐云晴拍摄，2017年8月）

第二节 自然环境和社会环境特征

一 自然环境与资源禀赋

松坪行政村隶属于云南省大理市鹤庆县六合彝族乡，位于六合乡南边，距六合乡政府所在地16公里。西临大丽高速公路，北临丽江，东临金沙江，距鹤庆县城58公里。自然环境状况见表1-2，整体而言，该村生态环境较为脆弱。海拔高导致当地储水、用水难，地质和土壤条件也较差，不适宜种植业的发展。

表1-2 2017年松坪村自然环境状况

自然环境	海拔（米）	年平均气温（℃）	年降水量（毫米）
具体数值	2500	18	900

松坪村的土地资源情况如图1-2所示。

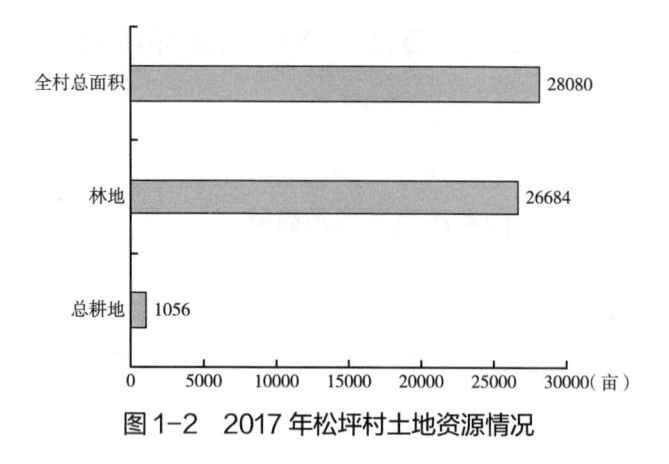

图1-2 2017年松坪村土地资源情况

全村土地面积18.72平方公里（约28080.0亩），其中95%以上为林地。全村耕地面积为1056亩，约占总面积的3.8%，而人均耕地则为1.05亩。其中耕地面积中坡度在25度以上的耕地有250亩，占总耕地面积的23.7%。全村耕地土壤以红壤土为主，土层瘠薄，对农作物种类和产量影响较大。高山地形导致当地土地少，而且土地贫瘠，全部是旱地。就土地面积和质量而言，松坪村的人地关系较为紧张。另外，当地草类、林木资源较多，菌菇类丰富，但其他资源少。

松坪村境内水资源十分缺乏，虽然年平均降水量达到900毫米，但降雨很不均衡。松坪村缺乏洁净水源，难以蓄水，人畜饮水十分困难。干旱是影响松坪村生产和生活的重大自然灾害。尤其是近些年，该村连续遭受了严重的干旱灾害，农业生产大幅度减产，家庭收入也相对减少。

总而言之，松坪村自然环境和地理区位条件十分恶劣，不适宜农业生产，资源禀赋较差，生态环境脆弱，且距离市场远，交通不便，长期历史形成的资源区位和少数民族历史文化上的劣势是其发展落后的根本原因，松坪村是鹤庆少数民族六合乡特困民族地区村庄的一个典型代表。

二 贫困与社会环境

松坪村在松坪、城墙坡、大稿、麻塘、西坡等5个村民小组的基础上分为14个小组①。村庄和村民分散不集中，村民房子之间的距离最远的在5公里以上。村庄内仍然是土路，多数还是盘山路，无论是出行还是耕作，交通都十分不便。外出的交通成本高，例如，到邻近黑水村也需要半个小时的车程。而且盘山公路只修建到村委会，村内以及农户家庭之间基本上是土路或泥泞小道。

松坪村现有280户家庭（共1009人），其中

---

① 此处14个小组与表1-1中的自然村是等同的。

劳动力数量为649人。全村以彝族为主，还有5户苗族（20多人）、1户傈僳族。少数民族占主体，当地居民生活比较闭塞，甚至到2017年村里的年轻人都比较排斥外出务工。每年松坪村外出打工半年以上的人员很少，一年一般只有20人左右；而且务工地点基本上在云南省内，去省外务工（如广东深圳）的只有五六个人。由于处于贫困山区，教育水平有限，加之传统思想影响，整体村民文化素质比较低。全村的文盲和半文盲的人数基本上占全村人数的50%，而且教育程度也多为小学。

松坪村是典型的深度贫困村，现有建档立卡贫困户71户（共253人，约占25.1%）；低保户66户（219人，约占21.7%），社会特困供养人群4人，残疾人19人，具体如图1-3所示。

按松坪村委会副主任的说法，"总的来说可能这边，我们这个村子的贫困就有点大，所以2/3的农户可能就是贫困户了。1/3的话，相对在村子里头好一些"。①

---

① 对松坪村副主任村情的访谈，2017年8月17日。

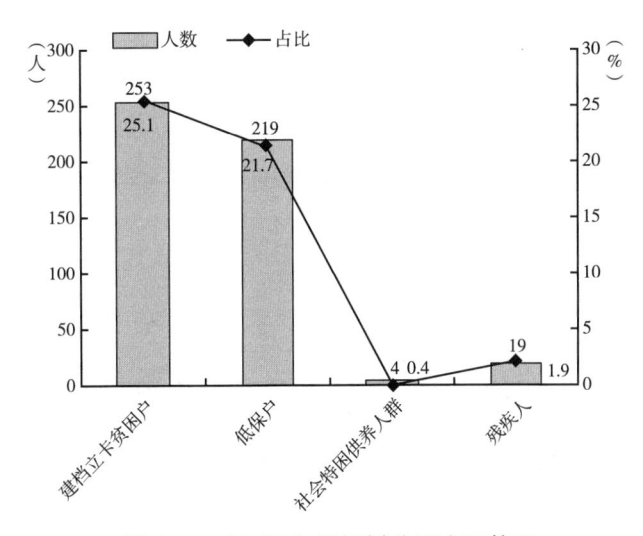

图1-3　2017年松坪村贫困人口状况

松坪村于2016年底进行了土地确权登记，共有1056亩耕地，其中还有105亩属于退耕还林的土地。村内土地进行流转的情况较少，流转价格则是根据土地肥沃程度和耕作便利情况，一般年租金在几十元到四五百元。由于土地和居住分散，土地基本上是在各村组内部流转，还没有在村与村之间进行流转。总体而言，由于村内经济还是以农业为主，劳动力也大部分居住在村庄内，因此村内的土地都得到使用，近两年都没有土地被抛荒的问题。而且有些原有的荒地也被农民开发利用起来，农民通过种植作物一年能获得3000元左右的纯收入。

根据高寒山区的地形及其气候环境，松坪村适宜种植玉米、蚕豆、烤烟、小麦等耐旱作物和梨、苹果等果树。例如，2016年，松坪村大部分土地种植烤烟，种植玉米的面积不到1/3。畜牧业比较发达，猪、羊、牛、鸡等是农户主要的养殖种类。养殖业是村民收入的主要来源，但少量家禽养殖的情况则是为了满足家庭需求。2015年松坪村农民的人均纯收入仅为2680元，[①]人均收入水平低，农民生活仍处于需要解决温饱的低水平发展阶段。

产业发展方面，松坪村以烤烟、牲畜养殖（如土鸡、蜜蜂等）为主。但村庄产业化水平低，产业单一且发展不充分。2014年，该村还成立了鹤庆县六合松坪土特产专业合作社，吸纳了186户社员。通过网络平台来销售当地土鸡、松子、蜂蜜等农产品，推动当地农产品的商品化，有效增加农户的收入。并且，村民计划开办一个社区互助基金合作社，以30万元基金来推动当地农民发展产业。

就教育方面而言，全村已普及九年义务教育。村内建有一个公办小学，教师合格率达100%。但学校一般只教授一到四年级，之后高年级需到六合乡学校就读。村内有适龄儿童67名，实现入学率

---

① 2016年松坪村村民委员会统计数据。

达100%。

政治参与上，松坪村有40名党员，其中文化程度为高中以上的仅有4位；党员大会一个季度召开一次。全村有4个党小组，村党委采用交叉任职方式，由村民民主投票选举，并且三年换届。村民代表则是每组3位，共15位。村内有村务监督委员会，负责监督村干部、村务等。

第三节 扶贫成效

一 村庄基础设施

道路硬化方面，松坪村修建了4米多宽、长达10公里的主路；倘若计算入户的硬化道路，共修建了长达30公里左右的道路。松坪村实现了村内各组之间的道路硬化，但村内无路灯。

该村也建成了全村的自来水饮水管道，并已经全村通水，按3.5元每立方米收取农户水费。其中，只有1户农户由于房屋地势太高而没有实现管道通水。鹤庆县自2016年完成六合乡燕子崖提水一、二期工程，2017年启动燕子崖提水；三期工程新建水池20座，共安装配水管212832米，工程概算总投资726.7万元。围绕解决贫困群众"饮水难"问题，鹤庆县政府切实推进饮水项目和工程。同时，政府和NGO自20世纪90年代以来就一直进行水窖建设和改造，数量共达1000多个。农户主要依靠水窖来储蓄牲畜用水和生产用水，甚至是生活用水。

图1-4 爱心水窖
（齐云晴拍摄，2017年8月）

全村实现了供电。并且经过电网改造和电网合并之后，供电十分稳定。村内约有10%的农户家没有电视。村委会配置了电脑，安装了宽带，但农户家基本没有电脑，没有安装 WiFi。电话和手机的使用率普遍比较高，只有为数不多的几户既没有安装电话也没有手机。智能手机的使用者主要为年轻人，大概 200 人，约占总人数的 20%。

村内学校的占地面积达 520 平方米，教学楼和宿舍楼则是新建成的，配备了 72 套课桌椅，还可以容纳 23 个学生在校内寄宿。

在文体发展上，村委会内建有一个图书室，大约有 1 万本图书，包括养殖业、妇女卫生知识等方面的书籍。但是，由于妇女识字率不高，一般只有学生和青年翻阅，总体而言，图书使用率很低。春节期间，松坪村还组建了一个舞蹈队，准备娱乐节目欢度新年。全村内无宗教信仰，也无传教活动。

医疗卫生方面，松坪村有一个卫生室和一个药店。卫生室有 2 个床位、2 位卫生员，但无接生员。孕妇产前检查率达 100%，且近年来无孕妇死亡事件。

在卫生设施和服务上，村内有四个简易垃圾池（配有垃圾车）、两个垃圾填埋点，无垃圾箱；同时有 100 个沼气池，但全村通电稳定以后使用较少。农户每年每户需分摊 20 元，请本村人来进行垃圾处理。村内需定期用垃圾车清理小垃圾池，定点填埋。

二 农户住房与设施使用情况

在抽样调查以及对村庄情况了解的基础上，在61户被调查的农户中，90%左右的农户基本上只拥有一处住宅，如图1-5所示，并且宅基地一般都在一亩以上，面积较大。农户大部分建有三间土木结构的楼房，但还有10%的农户只建了普通平房。在调查的农户中，仅有5户农户是在2000年以前建的房，其余农户多是在2000年后新建的房屋。

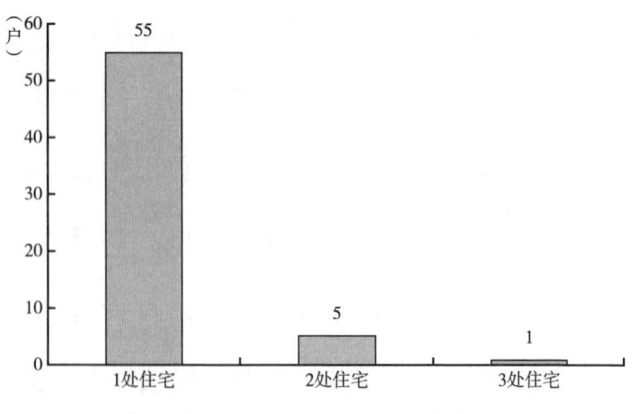

图1-5 2017年松坪村问卷抽样用户拥有住房情况

据松坪村村委介绍，村内基本上是土坯房，约有10%的房屋为砖瓦房。在调查的61户农户中，如图1-7所示，只有1户农户住房是用砖混材料建成的。再者，"空房子，废了的房子倒没有，但是这边的农户大部分是空架房，意思是把一间房子都竖起来，架子已经搭好了，但是里边没法装修，还是没办法住进去，所以这样的房还有一半左右"。经过精准扶贫和

图1-6　空架房

（齐云晴拍摄，2017年8月）

建档立卡扶持之后,政府帮助五六户进行了危房改建,帮助46户解决了空架房问题(见图1-7)。

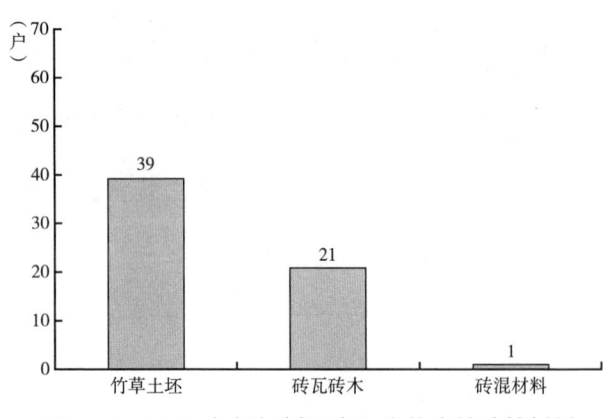

图1-7 2017年松坪村调查用户住房的建筑材料

在此基础上,调查农户对其住房的满意程度如图1-8所示:52.5%的农户(32户)对其住房满意,还有26.2%的农户(16户)对其住房不太满意。

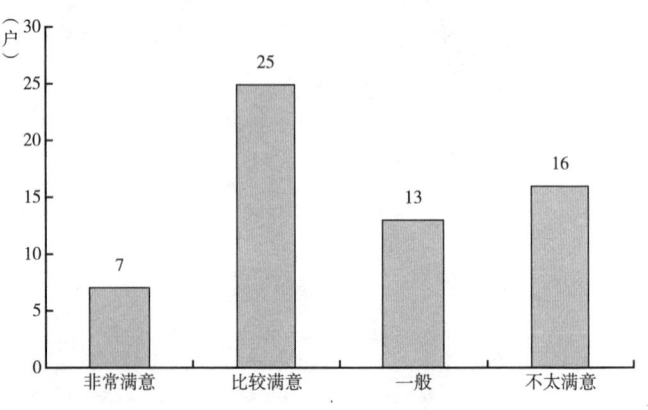

图1-8 2017年松坪村调查用户的住房满意度情况

其次，有关农户的设施使用情况，取暖方面目前主要还是依靠烧柴取暖；沐浴设施也不健全，95%以上的农户家庭并没有沐浴设施；厕所也是以旱厕为主。

三　收入与支出

调查的61户农户中，2016年的家庭年均纯收入约为14398.9元，农户的收入绝大部分来自农业经营收入，其中工资性收入约占总收入的18.5%，远低于全国平均水平。同时，24户农户的家庭年纯收入低于1万元，其收入总和占61户农户家庭年纯收入总和的15.3%。在调查中，只有5户家庭表示拥有存款，存款金额都不多。

被调查农户家庭的年均支出约为16462.1元，最大的支出是食品支出，约占44.1%；其次是教育、医疗和礼金支出。

社会保障方面，全村新农合参保率达97.8%，新农保参保率为98%。本村参加养老保险的人数达697人，约占69.1%。

四 扶贫效果

非贫困户与贫困户对松坪村的扶贫效果的打分情况如图1-9所示，认为本村扶贫效果很好、比较好的农户约占65.6%。

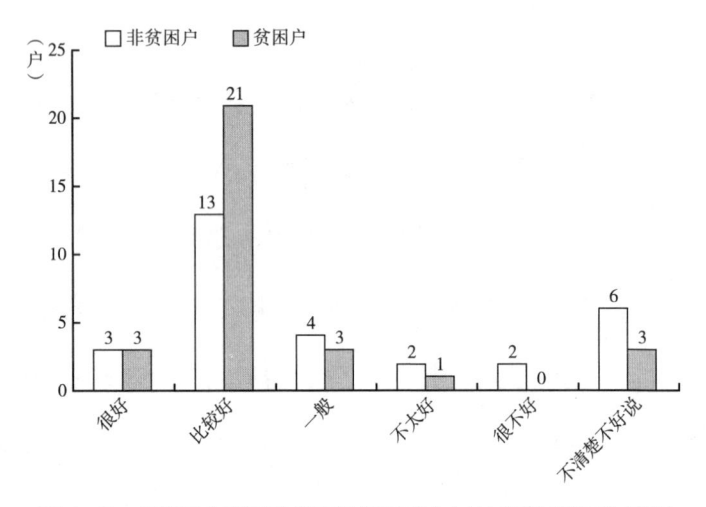

图1-9 2017年松坪村调查农户对本村扶贫效果打分情况

另外，贫困户认为对自己的扶贫效果较好的约占72.4%（见图1-10）。

综上而言，松坪村基础设施建设方面一直在政府、NGO以及村民努力下不断改善，但整体发展水平还是比较低。尤其是与城市相比，基础设施明显落后，生活和生产都受到一定程度的限制。尤其是在交通和教育层面，外出的不便利，不仅给受教育儿童的家庭增加了很大的困难，而且也限制了村庄与外界的联通。村庄的分散和封闭也是一直以来阻碍该村村民发展的重要因素。

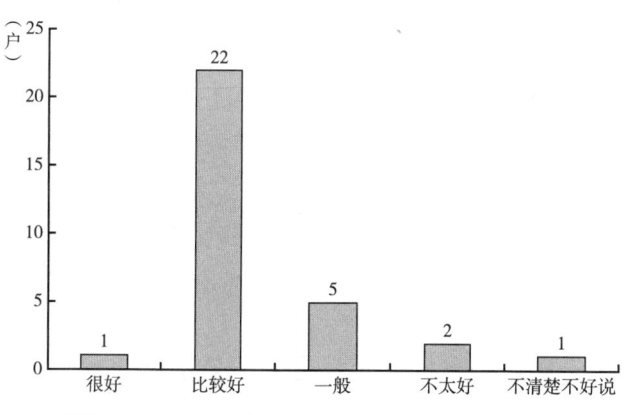

图1-10　2017年松坪村调查的贫困户对政策对自己扶贫效果打分

第四节　村庄发展阶段与贫困状况

自改革开放以来，松坪村村庄发展和贫困状况大致可以分为三个阶段。第一阶段是改革开放至20世纪末；第二阶段则是21世纪初至2016年；第三阶段则是精准扶贫和建档立卡扶贫时期。

第一阶段，由于封闭的环境和难走的山路，松坪村农户基本都过着典型的小农生活，以自给自足的生活模式为主，即家庭生产主要满足生活需要，家庭收入很少。农民主要种植苞谷、豆类，农户自家就吃苞谷面，"把它磨碎了，然后放一点水，然后蒸"。① 养殖猪、牛、羊、鸡等比较普遍，但规模小，主要是家庭消费，市场化程度低。房屋也主要是木头架构的，居住环境比较差。1997年松坪村全村经济总收入49.1万元，农户人均年收入只有338元；粮食总产量17.83万公斤，人均粮食186公斤，人均缺粮114公斤。松坪村也是六合乡中最落后的一个村。②

第二阶段，由于NGO等的介入、扶持，村民生活有了很大的改善。2000年，农民的人均纯收入就达到470元，人均粮食拥有量则提高到220公斤。在反贫困进程中，农民收入和生活水平得到明显的提高。NGO引导、发动当地村民一起修建外出的弹石路和蓄水塘等基础设施，使得村民也逐渐增加了与外界的交流与联系。当地还引进了烤烟特色种植，改良果树品种，例如梨等；畜牧方面，家庭养殖规

---

① 对松坪村书记罗润海的访谈，2017年8月18日。
② 对松坪村龚玉清会计的访谈，2017年8月17日。

模扩大，养殖品种也增多了。随着市场化程度的提升，农民能够依靠种植、养殖获得收入，收入来源更丰富。松坪村农民饮食上也有了改善，在2005年前后开始普遍以大米为主食；农户新建的房屋更多以砖木、土木结构为主，居住环境优化了。

第三阶段是政府推行精准扶贫阶段，鹤庆县按照精准扶贫要求——"六个精准"和"六个一批"，以"扶持谁""谁来扶""怎么扶""如何退"为切入点，分类施策，精准发力来推进脱贫攻坚工作。松坪村在精准扶贫工作期间，兼顾长短期的产业发展，严格按照七个方面的要求：一是立足实际，找准穷根；二是解放思想，观念创新；三是夯实基础，增强后劲；四是产业先行，经济振兴；五是保护生态，爱护环境；六是用好政策，信心坚定；七是党建引领，小康共建。全村的基础设施，包括道路、水利、电力等不断改善。在具有当地特色的烤烟产业的发展，以及通过网上销售途径提高农产品市场化的环境下，农户人均收入能够达到3000多元。从交通方式来看，自2016年开始，村子里的车子也多起来了。据村委会工作人员透露，本村还计划进行桑树种植和养蚕缫丝等各种产业发展计划。社区发展方面，CDD项目基本完成了，CDF也进入完全由村庄社区独立发展的阶段。

正如村民所感受到的，松坪村与过去相比，变化都是非常大的。这表现在生活和生产的方方面面，衣食住行都有了很大的改变，尤其是在一定程度上改变了松坪村与世隔绝的外部环境。

第五节　少数民族贫困状况

地理生态因素、文化因素，以及由此造成的社会、经济落后的状态，是少数民族村落贫困的严重性和独特性的成因。这是一个复杂、综合的贫困现象，其成因也是相互交错影响的。首先，中国的少数民族贫困人口大多分布于西南、西北等内陆边疆的高寒山区、干旱荒漠地区等。地理生态条件差且脆弱，对居住人口造成的影响是多方面的。一是农业生产水平低下，田地少、土质差、水少、灾害频发等，甚至很多少数民族贫困人口都无法种植出家庭所需的粮食；二是区位隔绝，受外界社会影响小，远离经济中心，发展迟缓。而且有学者认为隔绝也造成了少数民族在新中国成立之后，并没有经过完整社会发展阶段，因此也使其贫困问题突出。[①]其次，少数民族自身的文化影响。作为具有独特民族文化的群体，少数民族有着自身特有的价值观念、传统习惯、语言等。文化不仅影响着本民族的经济和社会发展，而且也在一定程度上阻碍了他们与其他民族的交融和学习。尤其是在隔绝的发展环境中，少数民族坚持着传统生计方式，社会和经济发展程度低。人力资本缺乏、经济发展水平低、基础设施落后、产业结构单一且不合理等都影响着少数民族地区和人民的发展，但这些同时也是其贫困的现状。

第六节　小结

松坪村是中国西南部典型的少数民族高寒山区

[①] 朱晓阳等：《中国少数民族贫困及扶贫开发问题的研究现状》，载朱晓阳主编《边缘与贫困——贫困群体研究反思》，社会科学文献出版社，2012，第141~169页。

深度贫困村落，无论是村民收入和村内基础设施建设，还是人力资本、社区文化与村庄发展都远落后于中国农村平均水平。其相对隔绝的地理位置和具有少数民族特色的历史文化习俗特征，都是影响其贫困的重要因素。贫困地区自然条件差，资源短缺，结构不合理，同时地理环境闭塞导致市场发育迟缓，导致在转型和市场化发展阶段，该村村民的收入增长困难且滞后于社会平均水平。少数民族地区的农业受自然环境因素制约影响大。资本和技术缺乏，风险承受能力差等也是造成其深度贫困的重要因素。

村书记认为，造成松坪村贫困的首要原因是缺水。没有水，不仅生活不易，而且生产更难。第二个就是路的问题，虽然国家近些年实现了村村通工程，但是作为山区深度贫困村而言，仅仅到村公所和村委会，距离到各个村组和农户还相差甚远，村内交通的不便和短缺既造成农业生产困难，也造成生活成本高，是影响农民生计和生产生活质量的一大制约因素，解决扶贫的"最后一公里"问题乃在于解决山区村庄的村内道路问题，村内道路硬化问题始终是一大问题，最近伴随着扶贫深化和投入强化才有所改观。

第三个是农业土地贫瘠。①自然环境特征同时也影响了当地农户的发展，生于斯长于斯的影响是不容忽视的。松坪村由于山区地形，外出困难，与外界和市场的联系不紧密，许多农户的思想观念还比较落后。民族的差异例如语言、文化的差异，也使村庄农户不愿外出，整体村庄的外出务工现象少。综上所述，我们可以看出，一方面，贫困不是一朝一夕形成的，成因众多。另一方面，深度贫困也是贫困主体在社会转型和市场化转型过程中，主体性发展能力缺失和不足的一个表征。贫困问题不是一个简单的经济和收入问题，而是一个产出能力和人的发展问题。要解决深度贫困人口和村庄的贫困问题，既要解决和创造发展的条件与机会，与此同时，要真正实现精准和可持续脱贫还在于解决人的发展和社区综合发展问题，物质发展脱困和人的自立自强发展需同步，不可偏废。因此，对于深度贫困人口的精准扶贫需要将短期经济收入改善与长期人的发展有机结合起来，需要在发展过程和手段上，转变传统的扶贫发展方式。重视和提高精准扶贫的主体性认知和逻辑，通过赋权参与发展促进贫困主体在脱贫过程中的转变与发展，形成自立和

---

① 对松坪村书记罗润海的访谈，2017年8月18日。

内源可持续发展。

自20世纪末以来，松坪村反贫困的成效突出。其主要由两大主体推动：政府和NGO。两者以不同的扶贫方式推动该村发展和协助村民脱离贫困的状态。两种方式各有千秋、相互促进，通过非政府组织和政府合作，创新了扶贫发展的方式和手法，有力地拓展深化了贫困户在扶贫发展过程中的赋权参与，促进了贫困农户主体性需求表达和主体能力的形成，其工作方式和手法是对于传统政府行政扶贫的一个有益探索和创新，对于深化精准扶贫的制度内涵、提高精准扶贫的效度和效果均具有十分重大的理论和现实意义。

第二章

扶贫开发：从区域到主体

针对落后贫困地区的开发式扶贫始终是我国扶贫发展的主旋律，在发展中解贫，在发展中脱困，通过不断改善贫困地区的基础设施和提高区域普惠性公共服务质量水平，鼓励贫困主体通过自身努力实现脱贫致富。

这种开发式扶贫是通过区域经济开发与制度松解下的个体自发努力相结合实现的。经过30多年的努力，我国绝对贫困人口已从改革开放初期数亿人近80%下降到不到1亿人不足5%。进入21世纪，集中连片特困地区和人口的脱贫攻坚问题被提上了议事日程。从扶贫的范围来看，国定贫困县和地区的数量不断缩小，扶贫的资金数量不断增加，脱贫速度逐渐减缓，被援助主体性问题和发展问题越来越凸显。从第十个五年计划开始，扶贫瞄准问题越来越凸显，扶贫资源的投向越来越小，脱贫攻坚的扶贫开发区域也从原来的县域慢慢地集中到乡镇和村庄，所要求的精准度也越来越高。对于扶贫效果的评估也不是传统的区域性发展评价，越来越要求体现发展过程中弱势贫困群体的问题，强调在发展机会平等的同时，体现公正发展的差异性原则，也就是发展资源对于特困农户的倾斜性扶持。因此，精准扶贫的含义也从区域转变到主体即贫困农户上来。

人们对于扶贫的认知也从传统的物的层面的基本需求满足上升到人的发展层面的福祉幸福感提高上来。俗话说得好，"实践出真知"，对于具体扶贫案例的描述和分析对于提高和深化我们对于贫困和发展的认知，反思和重新思考扶贫发展中的内在问题和困境，不但具有十分重大的理论意义，也具有重大的实践价值。

松坪村是一个典型的少数民族连片特困山区贫困村庄，扶贫是鹤庆县政府工作的重中之重，鹤庆县非常重视当地深度贫困民族乡村的扶贫攻坚任务，使扶贫政策向这些乡村倾斜。将六合乡作为整乡推进的乡镇。松坪村也在1999年获得以村内基础设施建设和社区基金为主的社区主导扶贫项目，近些年来，政府在该村推动的深化扶贫措施和项目主要集中在整村推进和精准扶贫的建档立卡、一事一议项目等方面。政府向该地区投入大量的资源，推动松坪村的基础设施尤其是水利、路等建设，协助当地的产业化扶贫，真正改善阻碍村民发展的因素，致力于促进农户与村庄的现代化进程。

本章第一部分将详细介绍整村推进和精准扶贫时期的建档立卡项目，第二部分则是对松坪村烤烟产业发展脉络的探究。基于此，第三部分将探讨产业与扶贫、发展之间的关系。

第一节　精准扶贫与整村推进

一　整村推进

整村推进是精准扶贫的重要举措，是根据新时期的扶贫开发工作要坚持扶贫到村、工作到户的有关要求，在全国贫困地区组织实施的一种新的扶贫方式。它是以贫困村为基本单元，在政府的引导支持下，依靠贫困群众和社会各界广泛参与，对贫困村经济发展统一规划、突出重点、综合建设、分批实施的一项综合性扶贫工程。它以村级社会、经济、文化的全面综合发展为目标，坚持基础设施物质开发与社会经济文化发展并举。在建设内容上以发展社区经济基础和增加贫困人口的收入为中心，以达到在发展社区整体经济基础的同时侧重解决贫困人口的温饱问题，达到解决贫困人口的温饱问题的目标，促进贫困村经济、社会全面发展，建立和完善农村可持续发展的长效机制，增强农村自我发展能力。

鹤庆县自扶贫开始就陆续实行了多次的整村推进项目，包括产业、教育、健康、易地搬迁、基础设施、住房等生产生活多方面。2016年1月，六合乡松坪村等共13个村的村委会（108个自然村、155个村小组、4854户15979人）开始实行整乡推进，一直到2018年1月才结束。整个项目由省级以上专项财政资金2000万元，县级财政资金300万元以及农民自筹资金等支持整体推动连片特困地区的扶贫与区域发展。整乡推进着力实施资源大整合、社会大参与等全乡性扶贫开发性发展，因地制宜地集中扶持全乡的养殖业、种植业发展。

松坪自然村在整村推进的过程中注重山、水、田、林、路等综合治理。教育、文化、卫生、乡村精神文明建设共同发展。该项目着重发展畜牧业、种养殖技术和市场营销路径，同时注重基础设施建设，切实改善当地村民的生产生活条件。这次的松坪村整村推进项目总共投入113.15万元，重点在于产业发展方面。具体项目建设内容如表2-1所示。

表2-1 松坪村整村推进精准脱贫项目资金投入汇总明细

项目名称	单位	建设内容	建设规模	计划总投资（万元）	财政专项扶贫资金（万元）	农户自筹资金（万元）	备注
合计				113.15	60	53.15	
一、产业发展		—		69.15	38	31.15	
1.1 种植业		—					
1.2 养殖业	—	—					
1.2.1 能繁母羊养殖项目	只	扶持14户贫困户养殖能繁母羊65只，每只补助1000元	65	7.15	6.5	0.65	
1.2.2 种公羊养殖项目	只	扶持5户贫困户养殖良种的种公羊5只，每头补助3000元	5	2	1.5	0.5	

续表

项目名称	单位	建设内容	建设规模	计划总投资	财政专项扶贫资金	农户自筹资金	备注
1.2.3 能繁母牛养殖项目	头	扶持60户贫困户养殖能繁母牛60头，每只补助5000元	60	60	30	30	
二、基础设施		—					
三、安居工程及配套工程		—	11	44	22	22	
3.1 扶贫安居工程	户	扶持11户贫困户建设安居房每户补助2万元	11	44	22	22	
四、素质提高		—					
4.1 实用技术、技能培训	人次						
4.2 乡土人才培训							
五、社会事业		—					
5.1 教育		—					
5.2 科技文化体育		—					
5.3 医疗卫生							
5.4 活动室建设							

松坪村的整乡推进项目包括产业发展、基础设施等。2017年4月6日，鹤庆县启动了乐村淘农村电商扶贫工程，将现有的村镇小卖铺升级成乐村淘线

下体验店，通过体验店帮助农民实现网上购物和网上销售农产品。用户所有的交易在线上下单支付，在线下享受优质的服务，从而形成一个闭合的"商流、物流、信息流、资金流"的全生态系统。产业发展将资源精准到户，因地制宜发展养殖业、种植业。例如，表2-2是关于2017年松坪村整乡推进项目的任务表中的具体项目。

表2-2　2017年松坪村整乡推进项目任务统计

项目名称	建设规模	总投资（万元）
松坪村牧草种植项目（亩）	500	5.00
松坪村花椒种植项目（亩）	1030	15.45
松坪村独定子种植项目（亩）	12.61	2.522
松坪村当归种植项目（亩）	23	2.99
松坪村核桃改良项目（亩）	600	6.00
松坪村生猪养殖项目（头）	2	0.60
松坪村肉牛养殖项目（头）	71	35.50
松坪村能繁母羊养殖项目（只）	142	14.20
松坪村种公羊养殖项目（只）	21	6.30
松坪村土鸡养殖项目（羽）	630	0.945
松坪村电商扶贫项目（户）	1	10.00
松坪村村内道路硬化工程（公里）	3	25.00
松坪村人畜饮水工程（人）	1028	40.00
松坪村实用技术、技能培训（人次）	100	1.00
总计		165.507

松坪村的整乡推进项目主要也是从产业发展和基础设施两方面来反贫困，尤其是扶持农户家庭发展种植业、养殖业，同时推动农产品的市场化。从以上数据来看，基础设施的建设尤其需要政府的投入，道路和饮水工程就需要65万元。

伴随着六合乡整乡推进项目的实施，松坪村还开展了基于一事一议的村级公共基础设施道路硬化项目、自来水管网入户项目、CDD项目等，力图逐步改善和完善村庄基础设施，最终基本完成了松坪村全村家庭自来水管网入户、村内小组道路硬化等一系列基础设施项目工程。值得关注的是，松坪村整体基础设施在这些项目的建设下有了全面性的转变，尤其是水、路的便利化。"我们全乡13个村委会，除了我们西边两个村委会，11个村委会，全部能喝上这个自来水，总的15979人，有13000人是受益的，喝到这个水。"① 总体而言，松坪村整乡推进对于该村整体反贫困工程具有较大的推动作用，政府力量在反贫困过程中的作用是不言而喻的。政府集中人力、物力、财力实现了自上而下的扶贫资源供给和自下而上发展需求的精准对接，对于贫困村庄的大型基础设施改善作用凸显。

---

① 对六合乡驻村干部的访谈，2017年8月17日。

二　精准扶贫与建档立卡

松坪村由于整乡推进的项目实施，并不能成为建档立卡贫困村。但就其特殊性及现实的发展情况而言，松坪村的贫困现象在区域内是非常突出的，村内的建档立卡贫困户数量甚至要比一些建档立卡贫困村的还要多。松坪村内71户（共253人）建档立卡户基本上都被纳入系统，图2-1是松坪村各村民小组的具体建档立卡情况。

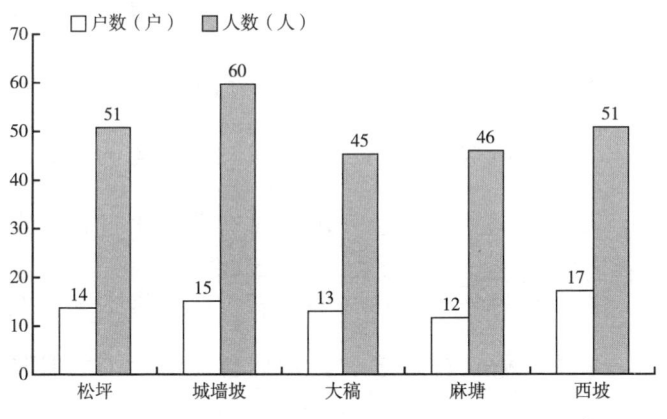

图2-1　2017年松坪村各村民小组完成建档立卡的概况

松坪村根据人均年收入2800元（2016年，2017年的标准上升到2950元）的标准，同时进行入户打分的过程评定，于2015年10月和2016年6月分别认定了两批建档立卡贫困户，根据县级下发的标准，县、乡的统一部署要求严格执行，具体而言，贫困的标准是"两不愁三保障，两不愁就是吃、穿不愁，三保障就是教育保障、卫生保障、住房有保障"。[①] 根据统一标准，"我们县干部四名，乡干部三名，村干部六名，全部入户了，入户以后每家都填了这个（蓝卡），填了调查问卷"[②]，完成了精准识别，并统计各贫困户资料。经过长达两个月的时间，松坪村分为三个组，每组由四个人进行入户调查，调查员坚持按照评议和公示的程序。

精准识别之后，建档立卡户享受扶贫政策，其中影响最大的还是产业发展方面，如养殖业发展。当然，脱贫最根本的还是要自身发展能力的提高。松坪村第一书记罗书记也表示，村内反贫困过程中最困难的问题就是农户自己发展动力不足，单纯等靠要政府资源和政策。在这之后，松坪村还进行动态管理，村内经过甄别还有6户待定户需要下一阶段进入贫困户系统。

这一阶段扶贫的主要目的是产业发展，包括牛、羊等牲畜和药材的提供，推动贫困户发展生产，走出

---

① 对松坪村第一书记的访谈，2017年8月15日。
② 对松坪村第一书记的访谈，2017年8月15日。

贫困。而对这些资源的使用效果则是与家庭和村民自身的情况紧密联系的。整体而言，精准扶贫与整村推进项目是递进和相衔接的，稳步改善了松坪村的生产和生活环境。

第二节 松坪村的特色产业——烤烟产业的发展态势

贫困农户的产业发展与能否可持续稳定脱贫紧密相关。换言之，扶贫发展的核心是产业的发展，但目前小规模化和市场化程度低的自然家庭农业仅仅使农民解决温饱问题，难以使农民获得较高的收入。松坪村所属的六合乡实行的是"五个一"的产业发展布局，因地制宜结合传统产业，发展多产业融合发展的特色产业。这一过程是以农民专业合作社为龙头，采取"一村一品、一户一策"的方法，推动形成"一片烟"（烤烟）、"一粒茧"（蚕桑）、"一窝鸡"（土鸡养殖）、"一棵树"（泡核桃、花椒等林果）、"一块菜"（小米辣种植）的"五个一"特色产业布局。

图 2-2 山地烤烟

（齐云晴拍摄，2017 年 8 月）

松坪村也推行了多种类型的产业发展，但农户收入的增长主要还是依靠种植烤烟。据松坪村罗书记反馈，每年村庄能够通过烤烟获得超过 200 万元的收入，这是村庄和农户收入最主要的来源，同时也是现阶段脱贫最主要的方式。烤烟是作为六合乡的支柱产业培育的，统一由烟草公司收购。"我们原来是在六合下边有一个点，我们黑水镇有一个点（收购站），今年到了村上，统一由烟草公司进行收购，具体到我们乡下就是有一个烟叶站，由它来统一组织收购。"[1] 近几年，政府和烟草公司投入资金帮助松坪

---

[1] 对六合乡下村干部的访谈，2017 年 8 月 17 日。

村建设电子烤烟房，最多能够承担60%的建设费用。这也使农户烤烟的劳动力成本下降，时间缩短，但是运用电子烤烟房进行自动化烤烟并不能保证每一柱烟草的最终质量。

图 2-3　电子烤烟房

（齐云晴拍摄，2017年8月）

对于农户来说，烤烟一年至少能给当地农民家庭带来1万元以上的毛收入，而大约种植12亩的烟草一年能获得5万元的净收入。烤烟是需要劳动力和时间的产业,主要由于:一是烟草生长期需要浇水;二是烟草收获时需要采摘烟叶,并需要长时间烤烟叶。烟草需要充足的水分供应,干旱则会限制烟草的生长,使烟株茎和叶的生长受阻,茎秆高度降低,导致烟草产量下降。故而,在烟草生长旺期,农户用水灌溉的压力大,尤其是在缺水的高寒山区,水利设施不完备,只能依靠人工用水窖浇水。而烤烟时期,农户一般在7月末到10月会进行烟叶采摘并烤烟,人工采摘烟叶后整理好(见图2-4、图2-5)。若农户选择在电子烤烟房进行烤烟,劳动量会大量减少;"烟烤出来以后要分级。每天24个小时都是火要烧起,不然烤不干。晚上睡觉不能不醒,要烧火"[1]。但在自家建成土烤房烤烟的话,一般夫妻俩就要夜以继日地烤烟,一般一天能够休息的时间不会超过六小时。从收入而言,烤烟显著提高了农户的收入,但其风险性也是有着农业固有的特征。干旱、种植风险、烤烟质量和市场价格变动等都会造成农户收入的损失,农户的收入保障能力还有待提高。

---

[1] 对罗四新的访谈,2017年8月15日。

图 2-4 松坪村农户烤烟的烟叶

（王一鸣拍摄，2017 年 8 月）

图 2-5 松坪村农户在电子烤烟房挑选和绑烟叶

（王一鸣拍摄，2017 年 8 月）

烤烟产业确实对于当地村民来说是一项收入高的产业，但其带来的副作用也是不能忽视的，甚至村委干部也认为这是一项不够长远的产业。故而，松坪村还发展种植业、养殖业等产业。电子商务拓展了当地农产品的商品化途径，而且"我们的产业扶持一批，产业扶持就像烤烟，这也就是产业扶持了，然后养殖业，牛啊，土鸡，现在中国船舶这边给我们六合七万只的扶贫鸡，七万只怎么说呢？就是建档立卡贫困户帮他养，他提供饲料，提供种鸡，提供技术服务，每只鸡养出来之后就是三到四个月，三个月多一点，三斤六左右就回收了，把鸡拉走，然后给你代养我们说的就是人工费，辛苦钱，每一只鸡18元"。[①] 真正将松坪村的资源转化成农户收入的来源，尤其是在松坪村脆弱的生态环境中，更好地选择适合的产业也是村委和政府关心的问题。

第三节　产业发展与反贫困

整村推进是社区综合发展扶贫的一种方式，也是

---

① 对六合乡村干部的访谈，2017年8月17日。

将政府引导、群众自发和市场需求三方面协调考虑的参与式扶贫模式，涉及村级社会、文化、组织、民主政治以及精神文明建设等多个方面。但松坪村所进行的整村推进重心还是在基础设施建设方面。无论是整村推进还是建档立卡，其根本还是转变国家粗放扶贫方式，将国家资源精准到贫困村、贫困户。自2001年起，国家开始采取参与式扶贫模式，将以"输血"为主的扶贫转变为以"造血"为主的扶贫。尤其是在产业扶持和发展方面，政府运用资源投入的方式尽可能地推动家庭收入提高。

图 2-6　松坪村烤烟大会

（齐云晴拍摄，2017 年 8 月）

国家和政府集中人力、物力、财力，解决了松坪村高寒山区的交通困难问题，不断完善村庄的基础设施建设。在整村推进和建档立卡的精准扶贫模式下，松坪村的基础设施有了明显改善，突破了村庄位置限制和难以外出、交通不便的困境。而且，对于当地农户来说，资源瞄准到户，也增加了家庭收入。当然，松坪村实现了巨大的发展跳跃，但长期的农民脱贫和村庄发展还需要进一步的投入和关注。

另外，农业产业化是现阶段中国农业的发展趋势，是实现农业现代化、反贫困和农村社会发展的必然途径。结合中国特色的"政府主导、社会参与、自力更生、开发扶贫"的扶贫道路，产业发展是彻底解决地区贫困问题的关键，真正带动贫困地区实现从"外部输血"到"内部造血"的根本性转变。[①] 自1994年起，中国政府开始采取开发性扶贫模式，产业扶贫（或产业化扶贫）是其主要模式之一，中央政府在颁布《中国农村扶贫开发纲要（2011~2020）》中明确提出产业扶贫是扶贫开发工作的重点。而且随着2016年全国精准扶贫工作的推进，产业扶贫也逐

---

① 段淇斌：《西部贫困地区产业扶贫模式创新研究——以临夏州和政县啤特果产业为例》，《开发研究》2015年第6期。

渐转化为产业精准扶贫。①

  产业扶贫是指在国家和政府的指导下，利用农村中土地、水、林木等各种资源，建立产业化模式，推动当地农户和农村发展。许多学者认为产业扶贫模式和行为逻辑存在较大的问题和潜在威胁，出现功能式微和偏离的现象等。典型的是从社会治理的角度来看，王春光在2015年指出，农村反贫困不是不断增加资金的投入、确立更多的项目或者精准扶贫对象等简单的技术安排，而是一个复杂、系统的社会治理过程，而产业扶贫往往只是项目、简单化操作，忽视了社会治理视角。2014年马良灿具体阐述了农村产业化项目是如何被科层制的权力结构关系影响和制约的，其运作逻辑受到上层政府、基层政府和农民群体等三个行为主体利益博弈的影响。徐汉泽、李小云则是从产业扶贫中两种不同的逻辑——扶贫济困的社会道德逻辑与产业发展的市场化逻辑的矛盾出发认为，其间的张力和冲突在很大程度上增加了产业扶贫项目失败的风险。可以说，产业扶贫面临市场逻辑和社会逻辑的约束，还要受到项目制的规范和规模化的目的

---

① 刘建生、陈鑫、曹佳慧：《产业精准扶贫作用机制研究》，《中国人口·资源与环境》2017年第6期。

约束。

总体而言，松坪村的产业扶贫还处于较为初级的阶段，无论是合作组织的发展还是企业、政府和村民的联结都是非常不完善的状态。例如，在烤烟产业中，烟草公司与农户、村庄的关系还有待继续推进和完善。而本村的合作社和电商的发展，对村民的影响是非常有限的。具体而言，产业扶贫精准化需要进行从产到销全产业链的配套考虑，而不是仅仅限于生产端就完了。产业扶贫不能是一次性的项目，比如，养鸡，需要鸡场提供的不是刚刚孵出来的小鸡苗，而是经过注射疫苗和具有了自我抗体之后的小鸡，同时鸡场还要解决收购和销售的问题。因此，解决贫困农户产业发展问题，需要通过公司和农户或者合作社和农户等合作形成完整的产业链，降低农户在市场化过程中的风险，弥补农户能力不足，只有这样才能实现小农和大市场的衔接，实现产业富农发展。松坪村建档立卡的贫困户能够得到牛、羊等牲畜和花椒等种苗，但是后期的发展以及出售的环节就不再得到关注了。故而，这样的产业化并不能给农户带来稳定、长期的收入。

第四节　小结

　　松坪村以政府为主导的扶贫方式主要是整村推进和精准扶贫两个阶段，都是依靠政府资源投入来改善基础设施建设、扶持农业产业发展。扶贫工程涉及基础设施建设和产业发展两大方面。2016年，鹤庆建成提水高度达1241米的燕子崖提水工程，改善了松坪村靠天种地、地窖储水的状况。基础设施改善还包括道路建设、危房改造、医疗卫生和教育等方面的改善，从根本上保障了松坪村村民能够生活得更好。在产业发展方面，政府一方面推动当地种植烟草，以烟草来保障村民收入。另一方面，政府还通过将药草、养殖牲畜等发放给农户的方式推动农村多元化产业布局的形成。2017年松坪村已形成了烟草种植的产业业态，但在药草种植和家庭养殖方面还处于初期阶段。

　　学者们对少数民族的贫困成因研究较多，对扶贫模式和具体案例也有一定研究，但总体上关于实践层面的反贫困研究还是不足。对少数民族贫困地区和人口的反贫困建议少且不成体系。自1986年大规模实行开发式扶贫以来，少数民族和民族地区始终是国家扶贫的重点对象。现阶段，国家致力于该地区的扶贫项目活动。

东中西部基本上都采取同样的扶贫方式和模式，并没有进行区域联通。这就使得少数民族贫困地区不仅弱于发达地区，同时也弱于东中部的非少数民族贫困地区。尤其是在产业发展上，没有进行全国性的战略布局，每一个贫困地区都是差不多的产业发展模式、网络销售模式等。具体而言，扶贫战略并没有在整个市场化的背景下考虑。少数民族贫困地区的农产品市场化比不上其他地方，交通和运输成本还较高，而且质量不高，包装等后期产品加工技术水平较低。同样，旅游扶贫模式的开展也是如此。从松坪村农产品商品化的视角来看，电商的发展有利于农户的收入提高，同时也是和精准扶贫中的种植、养殖产业相辅相成的。但是，松坪村的农产品与众多村庄是相差无几的，并且生产成本要更高。怎样找到一个长期的产业化的发展项目是该社区一直考虑的问题，尤其是在烤烟产业的政策限制型和环境影响程度大的背景下。

当然，最重要的还是人本身的发展和动力。"发展不是外部力量能够主导的，必须是发展主体的自觉主张和行为",①外部力量不可能一直拉动贫困地区的发展。松坪村在政府的帮助下,赋权的意义远远超过简单的资源投入。尤其是从长期发展和利益来说,倘若没有内生的动力,贫困地区往往总是越扶越贫。

---

① 朱晓阳等:《中国少数民族贫困及扶贫开发问题的研究现状》,载朱晓阳主编《 边缘与贫困——贫困群体研究反思》,社会科学文献出版社,2012,第141~169页。

第三章

社区主导型发展 CDD

"社区主导型发展与参与式扶贫项目管理机制创新试点项目"是 NGO 与云南省扶贫办外资项目管理中心在新的扶贫开发工作形势下开展的一个创新型试点项目，所运用的"社区主导型发展"项目管理方式是目前国际上普遍推广和运用的一种扶贫模式，它明确了社区和贫困人口在扶贫和社区发展活动中的主体地位。国内外的实践表明，扶贫和社区发展项目在由政府（资助机构）主导向社区主导的转变过程中，社区获得了对项目资源的决策权，使项目活动能更好地满足贫困人口对生计和发展的需求，调动了社区的内部资源，增加了项目活动的计划、决策

和实施中的透明度。通过将项目资源直接配置到社区，由社区进行管理，减少了不必要的中间环节，有效地防止了项目资源的流失和各种腐败行为，同时也增强了政府机构对社区发展的责任感，促进其职能向与社区发展相适应的方向转变。因此，项目的实施不但能够有效地促进项目社区各方面的加快发展，更将有力地推动云南省新时期精准扶贫工作形势下以农村贫困社区为主导的扶贫开发项目管理机制的创新。

NGO2013年起在云南省贫困村庄开展了社区主导型发展项目，即CDD项目，松坪社区也是其中之一。CDD项目最成功之处在于赋权方面，该项目也是社区扶贫的重要项目之一。故而该章主要阐释NGO在松坪社区实施的CDD项目，介绍具体项目进展、效果和影响，以及与精准扶贫的区别。

第一节　CDD概述

CDD是以世界银行为先导的国际机构，自20世纪 90 年代开始在发展中国家倡导并积极探索社区主导型发展的新途径。在 CDD 社区主导参与式扶贫途径中，通常是项目与社区和贫困人口通过建立平等的伙伴关系以及通过一系列的制度性安排，确立了社区和贫困人口在扶贫和社区发展中的主体地位。国内外的实践表明，扶贫和社区发展项目在由政府（资助机构）主导向社区主导的转变过程中，社区获得了对项目资源的决策权，使项目活动能更好地满足贫困人口对生计和发展的内在需求，调动社区内部资源，增加项目活动决策、计划和实施中的透明度，更能体现被援助者的主体性。

为了将国际上成功的社区主导型发展方法引入中国扶贫开发中来，我国政府和非政府扶贫组织机构也先后在中国扶贫领域和实践中引入 CDD 社区主导的扶贫理论和方法。中国 CDD 理论和发展实践是在 21 世纪初通过国务院扶贫办外资项目管理中心和世界银行引入中国的，在其中，NGO 也发挥了十分重要的作用。中国引入和发展 CDD 的社会制度背景，与世界银行在发展中国家实践的 CDD 有很大的不同，其中核心就在于赋权和发展的制度结构背景存在巨大的差异。这种差异不仅存在于组织结构和资源配置方式上，还存在于人们的思想观念和行为方式中。强大的政府主导式的或者说中国政府在发展上的绝对主导支配性地位，既是中国扶贫发展实践成功的根本，也是问题产生的根源。如何通过CDD扬长避短，实现扶贫发展方式的转变就是中国CDD落地发展的核心问题，国务院扶贫办的外资项目管理中心先后在中国开展了五期CDD发展项目实践，取得了一系列问题的突破，但也有很多问题在原有的制度框架下至今无法得到有效解决。

NGO昆明办事处开展农村社区扶贫和综合发展已有20年的历史，引进社区主导参与式扶贫开展社区综合扶贫也已有十多年的时间。2012年，NGO在总结已有经验基础上开发出了适合中国政府主导扶贫体制下的社区主导参与式扶贫手册，并与云南省扶贫办共同合作开始了为期三年的七县的"社区主导型发展与参与式扶贫管理机制创新"试点项目。它旨在将CDD赋权发展理念与中国扶贫的具体实践有机地结合在一起，探索和验证这一操作手法的可行性、适用性和可操作性。在这个试点项目中进一步深化了原有CDD项目的发展理念，强调了将外部扶贫发展资源传递和内生性发展的主体性开发有机地结合起来，将关注点从社会产品及服务的提供者身上转移到目标受惠人、接受者或用户身上，从原来简单地强调赋权发展到机会—责任—能力"三位一体"的配套综合发展。从关注项目产出到关注项目扶贫绩效；从关注扶贫瞄准的对象精准和扶贫资源的效率的过程精准到关注扶贫资源传递效能效果精准。从关注扶贫项目具体的经济效果到关注扶贫项目的社会和人的发展效果。将贫困问题真正回归到它的根子和本质性的问题上来，摆脱了原有的表面性和暂时性运动式的扶贫模式，避免简单的经济收入导向扶贫和扶贫领域的 GDP 主义，强调了从增收到增能赋权培力的转变，从人的发展和社会经济协调综合发展的互动关系中把握贫困与发展问题。围绕贫困自然社区基础设施建设这一社区公共品建设项目缺口，实现了涉及贫困社区治理、组织和主体性开发等一系列深层次的社会发展变革，将扶贫实践引向深入。这一极具挑战性的扶贫实践，突破传统的扶贫理念和方法，也对原有扶贫项目的操作和项目管理手法提出了巨大的挑战。

第二节　项目整体过程与状况

NGO通过与云南省政府扶贫部门合作，以NGO云南办公室对项目全权负责、监督、主导实践的方式，先后在7个县市14个行政村共计投入资金840万元，两年合计投入1680万元。

NGO从2013年开始在云南省昌宁、楚雄、隆阳、鹤庆、南涧、弥渡、双柏7县共实施了两轮CDD项目。第一轮项目实施时间为2013年9月至2014年9月。第一轮社区农户项目共申报111个项目，涉及7个县13个乡镇、14个行政村、104个自然村。第二轮项目启动时间为2015年1~4月，结束时间为2016年2~3月。第二轮社区农户项目共申报105个项目，涉及7个县12个乡镇、13个行政村、98个自然村。

项目社区的选择采取了从贫困县到贫困乡镇，再到贫困行政村，而后在行政村内部通过自然村之间的项目申请和竞争性筛选这种层层递进的方式，保证了扶贫对象的精准和扶贫项目的精准。项目内容方面主要为基础设施建设，例如道路桥梁修建、人畜饮水设施建设、水利设施建设等。项目平均资金规模约为10万元，第一轮项目实际平均支出总资金8.27万元。

表3-1 7个县CDD项目分布情况

单位：个

县份	乡镇	行政村	第一轮项目个数	第二轮项目个数
昌宁县	卡斯镇	兰山	6	6
	漭水镇	沿江	4	7
楚雄市	大过口乡	蚕豆田	10	0
	东华镇	力峨么村	15	11
鹤庆县	六合乡	松坪	7	8
	龙开口镇	下河川	7	6
隆阳区	丙麻乡	阿贡田	5	5
	瓦渡乡	打坪村	3	8
弥渡县	德苴乡	李丰	10	10
		新和	5	0
		太平村	0	10
南涧县	公郎镇	自强村	10	6
	乐秋乡	乐秋村	10	9
双柏县	安龙堡乡	他宜龙村	8	8
	大庄镇	桃园村	11	11
总计项目数			111	105

如表3-1所示，松坪村中五个自然村，即14个村民小组都进行了CDD项目。该项目第一轮已经完结，第二轮处于正准备启动阶段。在第一轮CDD项目中，村民基本上都选择基础设施建设：一是村镇的自行路面硬化；二是水利建设。第一轮CDD项目除了一个是因为小组自动弃权没有做，其余都已完成并

验收。① 总体而言,"最好的一组情况是农户自己亲自去做,从头到尾都参加,所有的过程都知道,而且这些项目的材料实施,他们都参与了",② 基于项目的质量和农户的参与度,各小组的效果不一。

第三节 松坪村 CDD 扶贫效果

一 村庄改善情况和基础设施建设

松坪村 CDD 项目基本全部实现了项目预期设计效果,达到或者超过预期要求,满足了贫困社区基本的道路硬化和水利设施的基本需求;同时,解决了当地与外界的沟通联系,打开了市场,而且增加了工作和农民的收入。当然,这也增强了农民应对灾害和防范自然风险的能力。

相较而言,群众对于 CDD 的项目满意度很高。

---

① 鹤庆县扶贫办主任刘峰讲到,当时说预算的时候,可能有一部分没预算进去,到真正实施的时候才发现按原来那个执行规模是做不了这个事的,最终是选择了弃权,把资金结到第二批资金。
② 与鹤庆县六合乡政府和松坪村村委会座谈会,2015 年 4 月 12 日。

自己管理自己做，自己亲自去参与。该地政府表示，政府的措施更多的是关注民生，把群众最需要的东西解决掉。通过充分的社区动员和社区内部评选甄别，充分调动被扶贫对象的主体性，地方性知识在社区发展中的作用得到充分体现。固然项目都局限在基础设施建设方面，但这些仍然是当前社区最需要解决的问题，之后确实能够推动生活和生产发展。

项目的直接受益人群首先是项目所在社区的居民，但从访谈中得知，实际受益人群超出项目所在社区范围。比如，一个村组修建蓄水池解决饮水问题，受益的不仅包括这个村组，还包括其他村组，因为其他村组的蓄水池使用不再拥挤，节约了所有村组的取水时间。在松坪，典型的是西坡13组，"村内道路不硬化的话，一到7~8月雨季天，外面车子进不来村里，村里车子也出不去。刚好又是每年交烤烟的时候，路烂，烤好的烟叶就拉不出去卖。村民都是靠农用车拉运自家烤烟出去卖的"。

同时，CDD还充分考虑社会性别和弱势群体的参与和利益保障问题。CDD项目第一轮要求每个村都必须有妇女代表。

从基层政府的角度来看，CDD对松坪村、六合乡等地区起到了很好的示范作用，培训和教育了一大批扶贫干部，使其体会到CDD参与式扶贫的内在机制和特点，从实践中教育和培养了扶贫干部，使其转变了扶贫理念和方法，提高了他们进行精准专业化扶贫的能力，使其掌握了一整套开展社区扶贫发展的工作方法。该项目还培育了社区领袖。许多社区发展的非正式领袖都是每个社区通过自主选举新选出来的，社区产生了除组长外的管理人员，社区管理开始由一元化转向多元化，议事制管理逐渐形成，借力社区主导型发展与扶贫管理机制创新试点项目的实施，形成了各自的工作团队和拥护群，以社区非正式领袖为核心组建的项目实施小组在组织管理方面已具有一定的自我组织、自我管理、自我监督的自治特征。村干部、群众心往一处想，劲往一处使，共同建设自己的社区，干群关系得到改善，促进了社区和谐。CDD项目在完成之后都形成了自我管理制度机制，保证了工程项目持续保持其功能和效果。

二 CDD扶贫创新模式

根据松坪村开展的CDD项目，可以看出它存在以下几个优势。

一是需求瞄准精确，解决了山区贫困地区农村基础设施的"最后一公里"问题。"最后一公里"，其意义不仅是地理概念上的最后一公里，更应该拓展到扶贫效果的最后一步。扶贫基础设施建设任务远未完成，村村通的扶贫工程虽然取得了巨大进展，但对于像云南这样的山区和河谷地区农村而言，村组之间道路和基础设施薄弱状况缺口还很大，要使村村通发挥效益，还需要在村村通的主干道建设基础上，解决村组道路基础设施建设的"最后一公里"问题。

二是采取参与式社区主导方式大大提高了项目的精准度。将精准扶贫从对象精准延伸到项目精准、预算精准、资金使用方式精准、项目效果精准，实现了扶贫资源供给与需求供给无缝精准对接，大大提高了扶贫资金的使用效率和效益，减少了扶贫资源的浪费。

当前山区贫困地区基础设施建设尤其是村内基础设施远未完成，缺口很大，但是也面临扶贫资金投入效益递减的扶贫攻坚困境。如何面对如此大的扶贫发展需求？如果按照政府扶贫自上而下的方式，一方面所需要的资金量是巨大的，另一方面效果还不一定符合农民的需要。采用自下而上的方法，从以下几个方面通过递进瞄准实现了精准扶贫。

一是对象的精准，通过层层考察，区域瞄准、社区瞄准、村组瞄准、项目瞄准贫困县、贫困乡、贫困村，最后到贫困社区村组。贫困社区内部自我瞄准，村组之间通过自我评选的排序进行打分确定。

二是需求项目精准、预算精准、资金使用方式的精准、项目效果的精准，将精准扶贫提高到新的高度效用认知：从外部到内部，从援助者到受援主体满足了以前没有被满足的需求。

三是创新了扶贫的工作机制和方法，新的机制和方法将改变贫困的物质面貌与人的发展有机结合起来，使原有的自上而下的政府主导扶贫资源传递和自下而上的扶贫需求有效对接，既产生出巨大的物质财富生产力，又产生出巨大的社会文化生产力，促进了具有可持续性、非依赖性的发展，为贫困社会发展留下了宝贵的物质财富和资产，也留下了丰富的制度文化以及人力资本等，大大提高了社会的公共资产和社会资本的利用率。这一方面体现了我们自上而下的扶贫资金使用指导性和方向性需求，另一方面通过赋权真正把资源使用权直接交到了农民手中，他们真实的需求得到表达和满足，同时通过横向而不是纵向的监督，解决自下而上所产生的信息不对称和道德风险问题；真正实现了扶贫方式和内涵的制度创新，将贫困发展需求、扶贫项目发展与贫困农户的能力建设、组织建设等一系列非物质建设与扶贫项目发展有机地结合起来；大大激发了贫困农户在发展过程中的积极性、主动性和主体性，大大增加了社会的公共资产和社会资本，这不仅为项目的可持续打下了很好的制度基础，而且也为未来的发展提供了新的平台和基础以及宝贵的制度性资产。

四是项目实践证明了即使在政府主导的前提下，通过与非政府组织合作可以借用已有的基层组织制度架构，通过改变扶贫资源的传递方式和管理方式，采取社区主导和社区内自我评审的机制也是可以达到赋权和发展效果的。将政府扶贫的问题与农民发展中的问题结合起来找到破解政府扶贫的体制机制障碍问题的突破口，也就是通过行政村扶贫资源的直接赋权对接，通过给予机会、强调责任、在自我实践中提高能力，评估验证了CDD与政府扶贫合作创新的制度设计的有效性。通过参与赋权，公开公平透明竞争，解决了主体性缺失、责任缺失、机会缺失和能力缺失等原有扶贫发展中存在的一系列问题和偏差，解决扶贫资源传递过程中"最后一公里"的转换对接和信息不对称等问题,将政府主导与基层社区民主通过一种有效的方式结合起来,实现了扶贫发展方式的转变,达到真扶贫和扶真贫的目的与效果。不仅改变了贫困的物质面貌,也改变了贫困人口的精神面貌,增强了参与发展的能力与自信心。

三 小结

可以看出,CDD项目与政府传统的扶贫项目和方式存在很大不同。NGO通过与云南扶贫办外资管理中心的合作,不仅得到了地方政府的支持和肯定,而且整合调动了政府扶贫资源,提高了扶贫资金的使用效率,扩大了覆盖面。乡政府成立项目办公室,组建了专业技术队伍,提供技术指导、预算建议和质量监督等服务;当地村委会为开展宣传培训、拓宽信息传递渠道、增进互动交流搭建了沟通与交流的平台,努力帮助村民解决所反映的困难和问题。NGO针对CDD项目实施设计了一整套既符合项目原则,又对项目具有针对性和指导性的辅导项目操作的制度规范,并通过建立项目的组织管理规则,确立了在项目设计中和管理执行过程中的主导性地位，充分发挥了非政府组织在扶贫发展工作中的专业性特点，NGO的项目技术辅导、组织建构辅导、过程辅导、过程督查和评审、结果评估检查等全方位的制度设计和专业化的指导，是保障项目有效管理不出偏差的根本保证。NGO在制度创新中扮演了一个既低调做人又高调做事的姿态，做到既不干预，又全程参与，尽心竭力做好项目辅助，"不添乱，只帮忙"，弥补了扶贫项目在软投入上的不足，形成了扶贫发展的优势互补和合力，是政府和非政府扶贫领域里的一个合作典范。

通过直接赋权将权力直接赋予基层村组社区，使贫困社区真正成为掌控扶贫资源使用的主人，实现了真正的参与式和社区主导，实现了扶贫项目过程中存在的被动依赖的"要我脱贫"到"我要脱贫"的主体性转变，才能实现由简单的物的发展转变到人的发展、以人为本的发展。从项目所展现的效果来看，项目实施村庄都在不同程度上在不同内容上展现出扶贫效益的高水平、高效率的建设特征和积极主动的主体性的可喜变化。

总之，项目不仅满足了农民的需求，而且对于政府和扶贫部门而言也大大缓解了其困惑和资源配合的难题，CDD为解决当前扶贫财政资金使用上的制度性困境提供了一个很好的解决方案。扶贫政策制定已经不再是纯粹的自上而下的程序，而是许多相关的政策系统的协商。相似的，扶贫干预服务不再简单地通过公共机构扶贫专家和管理人员提供，而需要使用者和社区共同提供。新形式的地方参与发展需要时间，也需要规则、程序、文化、态度和行为的系统协同改变，这些要素基本上与当地的地方性知识重合。基于社区心理认同感的新概念——节点治理需要被关注，节点治理的本质是强调地方能力和知识可以增强贫困地区自我导引的同时，增强、恢复、确认以及再制度化人们的集体社会资本的方式。发展需要尊重和考虑与发挥地方性知识在发展中的重要作用。

当然，CDD项目注重对人本身的发展和赋权，确实是对政府扶贫模式的一种有效补充。而这还需要长期的发展和协调，CDD项目也需要长期的完善和检验。松坪社区14个村民小组在实行CDD项目时，也存在诸多问题。一是技术问题，村民不愿意去请技工，或者资金额度受限并不能去请一个技工，很多工作完全都是自己承担。二是村民对CDD项目的理解偏差，尤其是与一事一议项目混杂。农民并不能完全体会其扶贫方式的转变，甚至会基于已有的扶贫体会来理解CDD。三是村民对项目、贫困和生活的理解，根本还在于要过上美好的生活。

第四章

社区发展基金

NGO在松坪社区还推行了社区发展基金项目，即CDF项目。这是由第一期扶贫项目中的小额信贷在积累一定资金之后转化而来的。对于松坪村来说，这是一项长期的综合性持续发展机制，是社区持续发展的资产。本章将具体描述松坪社区的CDF项目的运行和发展，依据以往学者的研究来具体凸显该制度的有效性。

第一节　CDF 概述

基于中国农村社会金融服务滞后和农户信贷能力不足等情况，并由此导致农村发展受阻和贫困农村发展艰难，国家和非政府组织协同推动农村的社区发展基金项目，也是作为一种金融反贫困模式。社区发展基金（Community Development Fund, CDF）是指通过对社区居民进行赋权，以小额信贷方式提供金融服务，培养社区居民的权利意识、发展意识与自我组织、自我管理能力，最终结合社区综合发展的科技推广、医疗合作、公共品供给等其他项目，实现社区的独立和可持续发展。[①] 而且社区发展基金具有操作灵活、运作成本低、还款率高、拥有感强等特点，[②] 是社区综合可持续发展的新路径。

社区发展基金在中国最早是试验于1994年贵州草海自然保护地区为了解决环境与发展问题而发起的"村寨发展基金"。20世纪90年代末，NGO

[①] 王曙光、胡维金:《社区发展基金与金融反贫困》,《农村经济》2012年第2期。

[②] 程玲、向德平:《社区发展基金的变迁、管理及绩效分析——以云南省剑川县、禄劝县社区发展基金为例》,《华中师范大学学报》(人文社会科学版）2010年第5期。

进入中国西南地区开展扶贫工作，其中农村金融项目方面——小额信贷发展有许多弊端，尤其是换代率不高等。故而1999年前后NGO逐渐向社区滚动资金转换，创建了社区发展基金项目。自21世纪以来，世界银行和中国政府也推动社区发展基金应用于扶贫工作中。

就资金来源而言，社区发展基金被主要划分为三种模式：①内生模式，CDF基础借贷资金全部由社区居民分摊入股，进行运作的机制；②外推模式，包括政府和NGO给予资金，或者通过信用社借贷来获得初始资金，即社区发展基金由外部力量的推动而产生和发展的模式；③外推+内生模式，主要是外界给予一定资金，社区利用其发展小额信贷，积累到一定程度再向社区滚动资金转换。

社区发展基金采取资源配置方式的自我决策、资源配置结构的自我管理和社区范围内的资源自我循环利用和滚动发展。[①] 该运作机制，首先解决了社区农户生产成本问题，构建了一种农户重复获得贷款以发展生产的机制。社区发展基金能够以低成

---

① 何广文：《农村社区发展基金的运作机制及其绩效诠释》，《经济与管理研究》2007年第1期。

本给予农户贷款以发展生产,而且滚动积累的状态也使农户使用社区发展基金的频率提高。覆盖面和影响范围都比小额信贷要广,特别是能够给予弱势群体帮助。同时该基金有利于农户实施信用贷款行为,提高农户的信用和安全意识。长期贷款行为和重复贷款机会,对农户具有强激励。社区人情关系也有利于社区发展基金安全发展。故而,该基金在很大程度上提高了社区农户的参与积极性,赋权社区农户。"在具体实施过程中,社区发展基金始终赋予贫困农户知情权、参与权、监督权,充分尊重村民意愿,依靠村民自我发育、自我管理、自我监督、自我教育,调动了社区农户自我发展的积极性和主动性。"[1] 最重要的是它使农村社区形成了一种有利于社区公共资源积累与管理的机制、持续发展的途径。社区发展基金作为不断发展的公共资源,用于创造公共资源,促进社区各方面发展。借鉴朱乾宇等的 CDF 产权制度和治理框架图,如图4-1 所示,其结构和运行机制十分明晰。外部机构

---

[1] 程玲、向德平:《社区发展基金的变迁、管理及绩效分析——以云南省剑川县、禄劝县社区发展基金为例》,《华中师范大学学报》(人文社会科学版)2010 年第 5 期。

在给予资源时，也充当了社区发展基金的有效监督角色；而内部社区在外部激励和监督之下共同发展。

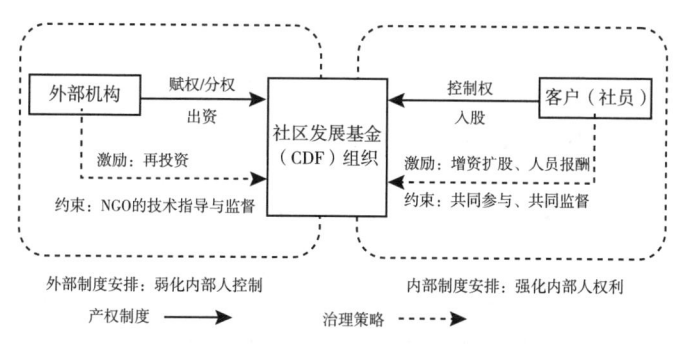

图 4-1 CDF 产权制度和治理结构

第二节 松坪村 CDF 项目过程与现状

20 世纪 90 年代末，NGO 进入松坪村进行社区扶贫时，通过投票的方式，松坪村村民民主选举产生了五个片区管理中心和一个社区发展委员会。在不断发展过程中，社区发展委员会总共由三个小组构成：第一个是基础设施建设管理小组，第二个是教育、卫生、畜牧防疫管理小组，第三个则是社区基金管理小组。在此基础上，社区委员会与松坪村村民一起讨论制定了社区发展委员会的职责及相关管理监督措施，以及配套的一系列相关的管理办法，如"松坪社区发展基金贷款实施方案"等。①

从发展历程来看，截至2017年8月，松坪村社区发展基金经历了三个阶段。①由NGO主导的小额信贷阶段。NGO自1999年10月启动松坪社区的小额信贷项目，共发放贷款109300元（本金）。在这一时期，松坪社区自组织形成了34个贷款小组，其中包括174个贫困户。②社区发展基金初期阶段。经过两年评估，NGO和松坪社区从2001年11月起开始将该项目向社区发展滚动资金转化，也就是成立社会发展基金，即CDF。③社区发展基金自主发展阶段。2017年8月16日，NGO经过一个星期左右的评估和调查，决定将CDF资金包括十几年来的贷款利润全部捐给松坪社区。松坪社区的CDF项目将全部由该社区全权负责和发展。

松坪社区CDF项目采取贷款的自组织管理，从召开社员大会、确定CDF管理办法以及申请贷款的程序、金额等，整个CDF的运行和借贷程序全部由

---

① 尹鸿伟：《松坪扶贫实践》，《南风窗》2004年8月9日。

社区发展委员会中社区基金小组管理。而在2017年8月前，松坪社区的贷款管理数据，是先报给县级政府，之后再报给省级政府。每一级、每半年都要进行基金的审核，其主要有两种方式：一是看报表；二是进行农户随机抽样访谈。

"CDF这一块，在行政村的层面上有几个管理小组，有小组长、出纳、会计。再到五个片区，每一个片区中心又有一个信贷员，就是协助管理小组收放，还有做相应的一些宣传。"[1]松坪社区主要分为五个片区，总共有236户参与（至2017年8月）。每一个自然村都设立一个信贷员，主要负责放款、收款和汇报村民使用情况和建议等。另外，自然村还建立了3~7户的核心组，每一组选出一个小组长和三个村民代表，互相帮助，协同发展。尤其是当一户无法及时偿还贷款时，不仅该户需要给予5%的违约金和风险金（扣除本金的5%，到可以偿还的时候返还给农户），而且整个组都会受到影响，无法借贷第二轮的资金。具体如表4-1所示，该基金有助于推动社区内村民联动发展，注重村民之间相互约束。

---

[1] 与鹤庆县六合乡政府和松坪村村委会的座谈会，2015年4月12日。

表4-1 松坪村 CDF 信贷设计

事项	内容
贷款期限和额度	1个季度；额度为300~3000元
贷款利率	5%，每季度收回的本总循环滚动进行放贷
贷款申请和发放	3~7户资源组成联保小组相互担保；贷款以家庭妇女为主，签字
贷款审查	审查贷款人的个人信誉、还款能力、贷款用途
还款方式	按季度还本付息不低于10%
利息分配	违约金和风险金5%

一般贷款的分布是根据总户数来平均分配的，"平均数，然后就可以，这里的范围就多得多了，剩下的钱我们就可以平均，这个钱就可以，大村的多加一点，小村的它消化不了，像陈祥坡这个村40户，贷的是36户，这两个组里边有40户，但是它有60多户，万一里边还有贷的，这次他没名额，下次来贷的话还是偏向着大组"。① 每年都是分两批进行贷款，基本上第一批都能差不多进行完，只剩下三五千元，继续第二批贷款。"但是三五千以后是要么在农户来的时候他不及时，剩下的一两个组手续不到位的也留了三五千，然后第一个季度里边又收回来一部分的话，又可以在第二季度里面贷，三月份到五月份这个季节又贷了一部分。"② 整体上看，社区发展基金都

---

① 对龚玉清会计的访谈，2017年8月17日。
② 对龚玉清会计的访谈，2017年8月17日。

能有效发放，而且效率较高。按照季度进行贷款的收发，例如，社区会计说，"三到五月一个季度，年底我们10月收款，收到这个款就结束，11月就放款了"。贷款金额也一般为300~3000元，具体贷款金额由核心组在限定金额范围内具体商定。

CDF项目自开始就有着本社区设计的规则。发展委员会成员、组长和信贷员等都需要规律性参加会议，一个月一次或者一个季度一次，讨论CDF项目和贷款实际情况等。通过不断赋权农户，成员参与和自身能力提高，使松坪社区CDF运行良好。

第三节　成效与问题

从整体而言，松坪社区CDF项目的发展良好。从基本制度来看，其运行和制度规范都趋于成熟，成为松坪社区长期持续发展的公共资源和有效机制。同时，对松坪社区的影响也在逐渐扩大，至今影响了236户村民。从基金的使用上来看，对生产和生活都有比较大的作用，农户的贷款信用意识提高，参与程度也有所提升。村民本身也有了自主和权利意识，妇女平等意识得到强调。妇女是贷款人，也能通过选举成为小组组长，参与社区发展基金项目。

CDF项目也是经历了十几年的发展和改善的过程。这也是社区和农户发展的体现、是与农村社区不断契合的趋势。不仅是利息的调整方面，由1999年的小额信贷的一分二的利息到2017年的5厘；而且季度贷款的日期选择11月初，是基于松坪村附近山谷有赶集市场，"有个一年一次的会，就是在交流一些市场信息"，农户一般会在这一时期购买养殖的猪、羊、牛等，适合当地松坪村村民的生活习惯和方式。这也是最根本的，将CDF真正融入社区生活，利用地方性知识推动CDF健康有序发展。

但是，该社区CDF项目的发展也存在一些问题。首先，其贷款组织——核心组的联保效果并不理想。一般无法及时偿还贷款时，风险金和违约金也会给农户生活增加负担，尤其是早期一分二的利息时。松坪社区就有这样的例子，农户被其核心成员抛弃，而且之后重新定利息后，农户也不愿意再继续贷款了。尤其是"有的是一个核心组里边就是牵涉一户是可以相互弥补的，里边产生了两户至三户的话就弥补不了了，如果出了意外就弥补不了了。"① 社区管理也只能将这些户撇开，灵活运用贷款的体制和组织。其次，农户对于 CDF 项目的理解和贷款金额的利用都处于低层次，甚至有些农户的贷款不断累积，并采取以贷款还贷款的形式。例如，农户并不知道能够贷款金额的变化，甚至贷款年数都不清。而且，更多的农户是基于家庭收支的借贷，"经济转不过来"时，给予农户在农业和生活上长期的帮助。虽然 CDF 有利于当地农户的生产和生活，但只凭借这一部分的借贷用于发展生产、形成产业使得家庭经济富裕起来的案例还比较少。再次，监督存在问题。在 2017 年 8 月 NGO 捐赠之前，该社区发展基金项目存在双重代理问题，对农户的监督上并没有体系化和常规化，完全依赖各组组长和片区负责人进行，而且基本不干预农户对贷款的使用。社区农户对社区发展基金的监管有限。最后，农村社区人才缺乏，尤其是随着信息化社会的发展，社区人才日益缺乏，对电脑和会计知识还需要进一步培训。

---

① 对龚玉清会计的访谈，2017 年 8 月 17 日。

第四节 小结

从小额信贷发展到现在的社区发展基金，其根本还是在于长期推动社区自我驱动、自我发展。从农户贷款和组织运作来说，这是一个以小见大、缓慢发展的长期过程。无论是生产发展能力的培养还是社区领袖的产生，都不是立竿见影的过程。松坪村村民在NGO的指导下产生了社区发展委员会，以正式组织的形式管理社区发展基金，并且通过实际考察和切实运行的方式逐渐形成了一套适宜松坪村生产和生活方式的管理运行制度。

社区发展基金是长期的发展项目，对村庄具有长效影响。从松坪社区CDF项目将近20年的发展历程来说，其优势和作用突出，在一定程度上能促进社区贫困人口增收和生产发展，协助农户形成自主的发展意识，同时也有利于培养社区领袖。松坪社区需要自己独立运行并且建立有效的监督机制。正是根据其运行状况，本书提出以下几点建议。

一是提高社区发展基金项目中财务信息的透明度，强化和完善监督体制。这也确实保障社区发展基金的健康发展，提高还贷率；农户一起关注公共资源的发展，实现信息对称传递。尤其是社区内部监督需要加强，赋权于民众，保障投入资源不被社区精英所把持。

二是社区发展基金内部运行机制的完善，一方面，贷款金额的普遍化和完全平分的模式不利于发展；另一方面，小组和片区的管理不理性，尤其是农户信息反馈存在很大的缺口。最重要的是会产生小组成员的抛弃，无法及时还贷的成员被其他小组成员抛弃之后基本上也无法再使用或者选择进入社区发展基金中。这也是有助于对贫困农户精准扶贫的有效方法，还提高对贫困成员的普及度和影响程度。

三是强化农户的主体意识，注重对社区居民能力的建设和培养。松坪社区发展基金的管理人员缺乏，并且能力还需要进一步培训；农户对贷款的使用和监督也处于低层次，需要加强农户对CDF项目的理解和使用能力的拓展。否则，农户贷款更多的是用于生活，生产能力和收入提高不明显。

四是对妇女能力建设和赋权问题。家庭妇女能力还需进一步提高，在提供参与机会的同时，能力建设也是需要同步发展和提高的。否则，妇女的赋权也只能停留在形式层面。

第五章

精准扶贫的主体性逻辑与赋权发展

第一节　扶贫资源传递中的主体性逻辑

对于经济行为主体和受益主体之间关系差异的常识性观察,著名经济学家弗里德曼指出了四种不同情况。①花自己的钱,办自己的事,既讲节约,又讲效果。②花自己的钱,办别人的事,只讲节约,不讲效果。③花别人的钱,办自己的事,只讲效果,不讲节约。④花别人的钱,办别人的事,既不讲效果,又不讲节约。

在精准扶贫和财政涉农资金使用过程中的诸多

问题都可从中获得启示和借鉴。因为，在精准扶贫资源传递过程中的各种"点菜"和"埋单"的主体逻辑关系是与上述资源、项目、收益——钱、事、人三者的主体逻辑关系相一致的。在精准扶贫资源传递过程中，存在资源主体、参与主体、利益相关主体、组织主体、受益主体多主体关系。其中一个核心问题就是谁的问题？谁来投钱？谁来真正掌控和使用这一扶贫资金。如果我们在精准扶贫资源下沉过程中，忽视自下而上的贫困主体性的赋权发展参与，而仅仅把贫困人口作为扶贫资源传递的终点，而不是在发展过程中，通过赋权发展以贫困农户的人力资本开发作为传递的重点，那么，这个所谓的精准也只是在有限概念意义上的精准。

精准扶贫仅仅从贫困农户对象精准角度理解还只是有限精准。只有从对象精准延伸到项目精准、预算精准、资金使用方式精准、项目效果精准，才能真正实现扶贫资源供给与需求供给无缝精准对接。通过对松坪村的调研，我们发现，在像松坪村这种高寒河谷落差比较大的地区，影响贫困农户生产和生活的核心因素是水、电、路等，其中道路尤其是距离比较远的高落差田间路是影响其福祉的核心问题，由于落差和坡度，如果没有道路只靠肩扛人背是一件极为困苦艰辛的体力劳动，对于绝对贫困农户而言，他们想要的只是如何将种好的农产品运回来。所以其从主体性福祉角度而言，其对于扶贫项目的需求并不在于有没有，而是在于有没有用。比如，虽然原来松坪村的整村扶贫资金到社区了，用于铺路，也部分改善了村组之间的交通问题，但是由于资金不足，仅限于土路，贫困农户反映一到雨季基本无法使用，而在雨季正是此地农忙时节，道路虽然建了，但实际上对于农民所想要解决的山区运输农产品这一核心问题却帮助不大。

图 5-1　泥泞道路

（李人庆拍摄，2017 年 7 月）

在扶贫资源传递下沉过程中存在诸多基本矛盾和对于深度贫困发展理念认知上的差异以及原有开发扶贫的惯性做法。其中一个核心问题，就是忽视在扶贫资源传递下沉过程中自下而上的贫困社区主体性在精准扶贫发展中的主导作用和能力建设问题。运用传统扶贫工作做法，而对于深度贫困人口发展的主体性问题缺乏应有的认知，对于深度贫困人口与一般脱贫主体差异的扶贫攻坚的艰巨性和长期性以及能力建设问题认识不足。而松坪村的社区主导发展项目正是针对破解这一核心问题的探索和实践。

第二节　社区主导与赋权发展

一　贫困社区和贫困农户全程参与和主导项目资金的决策使用和管理

社区主导型发展与扶贫管理机制创新项目（CDD项目），是从项目的选择、设计、评审、实施和管理都以社区为主体开展的项目。项目通过公开评审、竞争立项的方式确立。项目具体活动的组织、实施以及对项目资金的使用和管理都以项目社区为主体。项目社区全体村民推选出村民代表组成项目管理小组对项目实施和资金使用进行管理，并接受全体村民以及县（市、区）政府、乡（镇）政府、村委会和资助方等的监督。松坪村的社区主导项目在目标和机制的设计上与传统项目有很大不同，其主要有以下几个方面特点。

①通过县乡村各级政府部门工作人员工作思路和方式的转变，推动以项目社区村民自主的方式选择、决策、实施及管理本社区的发展项目。

②尊重社区村民是项目主体，帮助项目社区加强组织和制度建设，增强项目社区村民的契约意识和合作意识。

③各级政府部门工作人员工作思路和方式的转变，以及社区主导所体现的自我管理和自我发展，都需要通过制度规范的引导和制度化建设来实现和保障。

二 项目实施单位社区，并不只是行政社区，而是具有共同生活圈和生产生活共同体属性的自然社区

"项目社区"是本项目管理中一个重要的概念，指平时在生产生活中关系较为密切、其成员有较高认同度的自然村。根据实际情况项目社区可在村民讨论认同的基础上由一至数个自然村组成。

三 对参与项目的各主体权责进行了明确规定，改变了原有项目出资方和管理方主导的格局，建立了社区主导的项目管理组织框架，明确了项目出资方和管理方作为协助者的功能和职责

所谓项目"协助者"是指项目中的县、乡、村的各级干部。区别其传统的角色和工作方式，协助者需要在项目中转变思路和工作方式，信任、尊重社区村民，并发挥社区村民的自主作用和创新精神。协助者的作用主要是宣传引导、协助建立项目管理组织和制度、给予政策扶持和技术支持、监督社区项目管理和组织制度的运行等。

省外资中心：作为项目的整体管理者，负责对各个试点项目县的统筹管理、协调和监测。

各级扶贫办、乡镇政府和各村委：作为项目的实施方，负责对各自项目的管理、协调、监督并提供技术支持。

项目社区：项目的受益和管理主体，主导各自具体项目事务的组织、实施和管理，并接受全体社区村民的监督，以及政府各级部门和资助方的指导、监督。强调和明确了项目协助者在资源下沉和项目选择实施过程的辅导和监管责任。

四 对项目的性质、实施的对象和内容都进行了明确的界定和规定，并明确列出了项目的负面清单，规定了项目的资金和资源投入以及使用范畴

项目性质、支持的活动类型及选点原则，主要针对居住分散、人口较少、缺乏资源和立项机会的贫困农村社区，项目支持的活动以贫困农村社区的生计发展为主，项目活动多针对规模不大、资金不多，但又亟须解决的问题。

1. 以社区农户的需求为主，项目支持的活动可划分为以下类型

表 5-1　项目支持的活动类型

类型	常见活动
小型基础设施	村社简易道路、人畜饮水、农电改造、农田引水灌溉设施、村社公共活动场所、卫生室、公共厕所等社区公共设施的建设
生计改善	种植/养殖技术培训、畜圈改造、品种改良、新的生计方式的探索（不包括贷款类项目）、培育由农户广泛参与和组成的新型农民专业合作组织等促进贫困社区增收或改善的活动
环境保护与减防灾	节能改造、植树/植草保水护土、耕地整治、农药化肥替代、社区减灾防灾等有助于改善或保护贫困社区环境、减少或抵御自然灾害影响的活动

2. 项目不支持的活动

CDD 项目鼓励社区自主进行项目的选择、决策、组织实施以及对资金的使用和管理。公开、公正、参与、合作、自主、自助是项目基本原则，项目不支持以下活动类型。

表 5-2　项目不支持的活动类型

类型	举例说明
违法违规的活动	破坏自然环境、砍伐森林、破坏森林植被或水源地，开垦湿地保护区，开采矿山等活动
侵犯人权的活动	进行非自愿的征地、征林或拆损他人房屋的活动等
宗教相关的活动	建设宗教设施、开展宗教活动等
其他活动	超出资金限度和社区能力的活动

3.选择项目点时主要考虑因素

①社区的贫困程度。

②社区的积极性。

③社区所在乡镇和村委干部对项目的认识、态度以及深入社区工作的踏实程度。

④社区内外部的资源情况和当地政策。

4.项目鼓励社区申请5万元以下的小项目

对申请小项目的社区，评审时给予加分的奖励，具体加分方式可由各社区项目评审与监督委员会在讨论评审细则时制定。

强调和鼓励贫困社区从"要我脱贫"到"我要脱贫"的自主性转变，项目资金和资源投入主要来自省级财政配套、州市级财政配套以及社区群众的投入（资金和投工投劳）。自筹资金不在于多少，而在于培养和鼓励以及鉴别其对于发展项目需求的真实可靠性和拥有感、获得感以及成就感。它强调了培育社区社会资本和互助性的原则。工程类项目所申请的资金只能用于工程活动的材料采购、机械设备租用、运输费以及聘请技工费用，普通用工由社区投工投劳解决，以此体现共同合作的项目原则。对于项目监测及能力建设费用，采取了由NGO及各州市、县区政府另行配套支持的方式，强调了人力资本和制度组织规则文化建设在项目扶贫发展中的重要性和作为协助者帮助受援助主体开发的一项发展干预和援助的重要内容。

五 明确了项目产生及立项方式完全由社区农户自我选择确定

社区主导项目中的各社区项目都是经过社区申报、公开评审、竞争立项的方式产生的，是由各项目社区推选的村民代表所组成的"项目评审和监督委员会"，通过组织各项目社区一起公开申报项目、逐个演讲竞争、以评分高低、顺位取舍的形式评审确立的。

本项目中各村项目资金分成两轮由社区自主进行评审。每一轮项目评审前，都需要开展一次项目预审活动，主要目的是帮助各项目社区完善项目申请书的规划、设计、预算以及管理等。第一轮项目验收通过后，方可进行第二轮项目的评审。通过社区评审的项目，需经过乡镇政府及技术部门的技术和预算复核，再报经县扶贫办和NGO，根据相关规定复核批准后，方能立项实施。

项目严禁出现以下情况。

①外部人员、组织或部门干预，替代项目社区自主选择、评审或实施项目。

②社区少数人干预或包办替代全体村民（至少三分之二以上）选择、评审或实施项目。

③未经社区三分之二以上村民讨论同意，由外部或少数人诱导或主导选择施工队、设备租用、技工聘请等。

完全赋予农户对于项目资金使用权、自主选择的决策权和管理权，体现了自愿、自主的原则。

CDD每一轮项目可划分为以下四个主要步骤（见图5-2）。

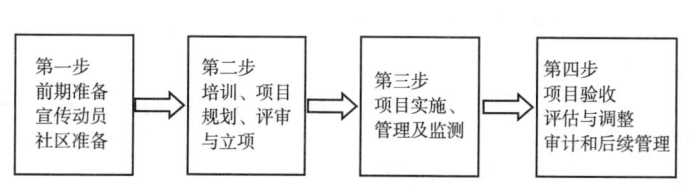

| 第一步
前期准备
宣传动员
社区准备 | 第二步
培训、项目
规划、评审
与立项 | 第三步
项目实施、
管理及监测 | 第四步
项目验收
评估与调整
审计和后续管理 |

图5-2 CDD项目的4个主要步骤

通过项目手册明确规定了在项目实施各个阶段所要达到的目标和要求以及各个相关主体所应承担的职责和角色。

前期准备阶段强调了社区动员和准备。

①在宣传动员阶段协助者如何让村民充分了解信息。

②如何协助村民选出合适的项目评审小组成员。

③"项目评审与监督委员会"的职责是什么。

④明确评选程序、评选原则与标准。

⑤协助者和社区人员需要发挥不同的作用。

项目实施初期强调了项目培训、规划和评审与立项：在强调村民自己规划、设计和评审项目的同时，也强调外部的引导和监督。

①通过评审原则引导村民节约、合理地设计项目；同时强调社区的普遍受益和对更贫困社区的倾斜。

②鼓励社区内部资源动员，营造社区互助的氛围。

③强调项目的可持续性及生计改善的效果，强调社区的减灾防灾。

④对参与项目的贫困社区人员进行系统的培训。

组织建立由各自然村村民推举产生的行政村"项目评审与监督委员会"，其组成原则如下。

①每个社区由村民民主选举产生2~3名社区

代表。

②村委会班子中推荐两名村委会代表。

③村委会领导不能同时担任社区代表及村委会代表，只能二选一。

通过各社区成员回到本社区与其他代表带领全村村民召开会议（会议必须有三分之二以上的户主或户主代表参加），带领村民讨论、分析、筛选、确定本社区发展中的普遍及重要的问题、解决方法、社区自己的作用、外部的帮助等，完成本社区的项目规划。

①召开会议必须有三分之二以上户主或户主代表参加，否则无效。

②会议讨论要听取不同群体，如妇女、老人、低保户等群体的意见，了解他们的发展意愿，尊重他们的想法。

③社区列出优先发展的项目清单（从基本的生存条件、生计发展、生活改善、社会服务等方面着手考虑）。

④社区讨论若达不成共识，可通过无记名投票方式选出最优先申请的项目活动。

⑤活动中哪些方面是社区能够利用自己的资源解决的问题（包括资金、劳动力、社区现有的技术、自

然资源等）。

⑥哪些是需要争取外部帮助的（政策、技术、资金预算等）。

⑦有关活动的衡量指标是否清楚。

⑧让村民在知晓整体情况后再开始项目规划和设计，从而避免村民为争取资源而盲目进行规划和设计。

要列出本社区优先发展的项目清单，同时必须有相应的会议记录（必须有村民签字按手印）。"项目评审与监督委员会"召开预审会进行资格审查；一个社区最多可以申报1~2个项目。

项目评审与监督委员会对各社区提交的项目申报方案进行审核。筛选不符合申报资格的项目，提出完善项目方案建议。可从以下几个方面审核。

①查看社区提交的项目申报方案。

②通过社区会议记录，了解社区项目筛选和方案确定过程中村民的参与是否充分。

③如果项目设计与政策不符合，需要及时反馈给社区放弃或重新选择项目。如某校点已经列入撤销计划、项目对生态有破坏、潜在灾害风险等。

④审核项目预算的各个环节工作量及其预算单价的大致合理性。

⑤社区是否考虑到公平受益（受益面）、自力更生（自筹和投工投劳的比例程度）、权利和责任对等的重要问题（内部管理制度）。

其他需要考虑的问题，比如，不同社区上报同一个项目（如涉及多个社区的道路、桥梁建设等），则由"项目评审与监督委员会"在设计阶段就进行整合，在上报后按整合项目进行复核审批评审。

由各自然小村社区村民组成的项目评审和监督委员会对于各个社区提交的项目进行民主评议和打分评审。

评审时重点支持的原则及百分制中的分值参考情况如表5-3所示，并对项目实施过程进行了具有可操作性的标准化规程管理。

表5-3 评审标准及分值参考

评审标准	分值
1.社区贫困程度	25
2.自力更生程度	15
3.预算的规范及合理性	15
4.受益面	15
5.项目管理考虑的细致程度	10
6.社区内部讨论的充分程度	15
7.其他需要增加的评审标准	5

松坪村社区主导项目有助于解决中国精准扶贫过程中扶贫资源下沉管理和主体性困境问题；激发被援助主体的积极性、主动性；转变扶贫发展方式；实现改变贫困的物质面貌和改变人的精神面貌两手抓；建立给予机会—建立责任—发展能力"三位一体"的扶贫主体发展转化机制；坚持自立开发式扶贫，避免"等、靠、要"的依赖式扶贫；从转变贫困社区主体的观念意识着手，实现了从"要我脱贫"到"我要脱贫"的转变；实现了针对深度贫困社区和农户，通过赋权发展，建立基于主体能力制度建设的、精准而长效可持续的扶贫发展方式。

第六章

精准扶贫经验总结

松坪村的社区主导发展实践案例使我们反思并回到扶贫发展的本质和初心，重新思考精准扶贫发展理论和方式问题以及贫困的本质认知。首先需要认识到是谁的精准？需要对政府主导扶贫的内在含义进行深刻反思和再认识，需要从主体性视角重新认识精准扶贫问题。

2001年《中国的农村扶贫开发》指出，中国农村的贫困问题是历史上长期形成的。贫困面积大、贫困人口多、贫困程度深是过去相当长一个时期中国贫困地区的主要特征。基于对本国国情的把握，特别是对贫困地区和贫困人口实际情况的认识，中国政府制定了符合国情的扶贫开发政策，把扶贫开发的基本目标和中心任务放在主要解决农村贫困人口的温饱问题上，从最紧迫的问题入手，量力而行，确保重点，分阶段推进。贫困在中国可以说是一个普遍性的症状，同时也是一动态的、历史的和地域的概念。很多学者、国家甚至组织都有着不一样的定义，我国国家统计局指出，贫困一般是指物质生活困难，即一个人或一个家庭的生活水平达不到一种社会可接受的最低标准。他们缺乏某种必要的生活资料和服务，生活处于困难境地。

在访谈与调查中，贫困对于农民来说并不仅仅是简单的贫困线，也不是完全语言描述出来的范围和程度。在日常生活中，农民对贫困和反贫困的认知往往带着他们对生活的期望和家庭的责任。被问及贫困，农户感觉答不上来；被问及反贫困，同样也是不知道说什么。贫困对于农民来说，究竟意味着什么，他们在中国社会大背景下的状态以及在村庄中的发展都是需要慎重考虑的。在整个扶贫工程中，农民、村委、政府和国家都有着自身对贫困的认知，而且存在张力。

基于数字化的统计和对比，农村被简单划定为贫困，物质上的缺乏；相对应的，在反贫困时，经济收入也不可避免地成为简单衡量成效的一个重要标准。在推进参与式发展时，我们不应该以一种他者的眼光来进入，而应该以一种文化共享式的移情来对待农村贫困状况，深入农村，感受农民心情。就像费孝通先生对江村经济所进行的人类学观察，农村的发展并不是孤立的，农民工就是一个很好的体现，在一定程度上是当今中国社会城市与农村联系的桥梁。城乡是一个系统，是一个变化着的整体。根本而言，反贫困的根本之道在于发展，不仅是人的发展，而且还是整个社会的发展。

第一节 精准扶贫与扶贫的主体性

松坪村的贫困涉及少数民族文化，高寒山区等实地区位环境，市场、教育发展等多层次因素，其治理需要长期的、可持续的扶贫措施，也需要农户自身具备发展欲望和能力。高山的农户，缺田地、缺水，仅靠种田无法满足温饱。这种地形也导致了松坪村与外界隔离，难以发展市场经济。在这样的发展境况下，农户自身也缺乏发展动力。

自20世纪90年代以来，松坪村就一直受到政府和NGO的扶贫帮助。政府自上而下的扶贫方式有效地改善了当地的基础设施建设，尤其是水电路的修建彻底改善了松坪村农户靠天生活的境况。NGO则推动了松坪村社区开展了多项社区发展项目，保障村民的参与性来尽力提升其生产能力。其中，最为典型的两个项目就是前面所介绍的社区主导型发展（即CDD）和社区发展基金（即CDF）。CDD项目虽然也是针对松坪村的基础设施改善，但它不同于政府扶贫模式的实施方法，主要是通过村民自我参与、自我管理和自我监督的途径。在改善当地境况的同时，也在一定程度上提高了村民的建设能力和对社区事务的参与、管理意识。CDF项目则集中于为社区村民提供银行服务，由村民内部管理运行，提高村民贷款成功率。松坪村社区内村民自我组织、自我管理、自我约束的组织方式，既能有效提高贷款还付率，也能培训农民，通过自治组织的定期活动和相互间的权责确定来培养他们的合作意识等。

需要认识到虽然松坪村经历了长期的扶贫，发展基础和环境也得到较大的改善，但由于长期历史、文化、社会、经济、区位因素所累积形成的发展劣势和主体性困境，并不是简单地通过一次性扶贫项目就能够脱贫的，深度贫困地区和人口的贫困问题将在很长时间存在，贫困标准也将随着时代发展而不断提高，而其生存困境和在市场转型发展竞争中的劣势并不会消除，而且有进一步扩大的风险。真正脱贫也非一朝一夕就可能实现的，还需要长期的发展、持续稳定的努力。

需要深刻理解在扶贫资源下沉过程中的多主体互动的主体性逻辑。而对整村推进扶贫的政府项目主导、部门主导和干部主导而言，其主导的项目实施验收效果不等于贫困社区农户的使用效果；从点菜和埋单的人、财、物的主体性逻辑来看，扶贫作为政府需求和贫困农户需求之间存在的主体性需求差异，若没有主体性的转变就不可能实现精准扶贫。因为从政府理性行为来看，其所关注的是项目资金和项目监管的安全性、成果的可检验性、检验的便捷性和可靠性、行政成本的最小化、覆盖面和效果最大化、建设成本最小化等；而对于贫困社区和贫困农户需求而言，对于扶贫资金使用要求的是效率最大化、效益最大化、使用成本最小化而不是建设成本最小化，要的不是项目而是效用和使用价值。因此，没有主体性就不可能有精准扶贫。

精准扶贫是一项利国利民的好事，但如何将好事办好，就必须讲究方式方法。俗话说走老路到不了新地方，精准扶贫要达到实效，就必须探索和实践新的、基于激发深度贫困农户主体性转变的发展方式。当然没有扶贫资源的下沉是万万不能的，但也应认识到仅仅是强调大规模扶贫资金的下沉，通过经济收入导向的扶贫和扶贫领域的 GDP 主义，而不是从增收到增能赋权培力，从个体主义农户扶贫到社区综合发展扶贫，不从单纯提高经济收入转变到生计与福利改善和提高能力贫困上来；没有针对性地改变对深度贫困人群的传统扶贫发展方式，必然无法根治这一问题。需要认识到，在扶贫资源传递下沉过程中的人、财、项目之间的主体性差异和主体性逻辑通过对于扶贫发展资源传递使用过程中的主体性转变，实现贫困农户的主体性对应和主体性发展。

第二节 创新主体性精准扶贫发展机制

一 实现精准扶贫需要转变原有扶贫发展方式

造成扶贫资源下沉传递过程中瞄不准的原因是多

方面的，既有如上述所言的主体性错位产生的问题，也有扶贫政策本身政策内容、政策的推行过程粗放管理、对政策执行的监管运行体制不健全；政府主体行为观念上的片面性和逐利行为影响了扶贫资金的有效投放以及对扶贫瞄准对象的尊重程度；政策执行的宽裕度，执行便利性和政绩显著性成为选择标准等一系列问题。脱贫指标与扶贫政府部门的政绩考核的短期化，造成运动式的扶贫与表面数字化的脱贫。精准扶贫需要不仅仅是在姿态上和对象上的为了贫困主体的精准扶贫，若贫困主体确没有发言权和资源支配参与决策监督使用权，没有表达权的受益主体，没有资源决策影响力的贫困主体是被发展、被扶贫，将落入"要我脱贫"而不是"我要脱贫"的困境。虽然物质改善是前置性条件，没有资源是万万不行的，但也必须认识到资源也不是万能的，发展和扶贫的核心是人的发展。

需要在自下而上的扶贫需求与自上而下的扶贫资金资源的供给之间建立有效的制度性衔接；一方面，要解决扶贫资源供需信息不对称和扶贫资金的监管责任问题，另一方面，要认识到仅仅从物质收入而言的减贫增收是与贫困农户主体性认知的生计改善、福祉利益最大化有很大差异的，需要建立起多维贫困视角下的基于贫困农户生计和福祉的减贫发展策略；对于扶贫资源传递下沉和项目管理而言，其成本与收益，不同主体的认知是不同的，需要建立更加精细的基于主体性需求的管理方式，解决监管成本和不到位的问题，通过赋权建立自下而上的监管体系。避免扶贫资源自上而下过程的跑漏透和截留，提高资金到位率、使用率和有效性，通过扶贫资金的整合解决扶贫资源政出多门的碎片化、部门化、随意化等问题。

需要正视精准扶贫由主体性缺失造成的贫困需求和扶贫供给政策的冲突错位问题。避免提供得不到或者用不上的产品和服务，避免提供不恰当或者质量低的产品和服务；避免扶贫项目设计与人们的谋生体系和策略发生冲突。

谋生包括"某种生存手段所需的能力、资产（包括物质资源和社会资源）和活动"。谋生策略（包括风险多样化的选择以及对或有费用的反应）不仅受制于资产所有权，而且受人们的生活环境特别是限制或有助于获得资源和谋生机会的正规和非正规制度的影响。

通过以整体化的"生计方法"制定相应的扶贫发

展社会政策，能使人们的注意力从狭隘部门化的干预措施上转移出去，明确地将社会政策的预期后果——提高福利、减少贫弱与更为广泛的制度和政策环境联系在一起。通过提供供需适配性的标准提高扶贫资源在使用上的可及性、相关性、质量和适宜性。

①可及性：旨在帮助贫困人口和弱势群体的社会产品和服务是否具有物理的（地点和覆盖面）和经济的（成本）可及性，获得服务的条件和权利资格是什么。

②相关性：提供给贫困人口和弱势群体的产品和服务是否考虑了他们的实际和迫切需求，是否针对问题提出了解决方案。

③质量：提供给贫困人口和弱势群体的社会服务是否达到一定标准，还是贫困人口只能得到劣质服务。

④适宜性：递送社会产品和服务的干预和机制是否考虑了贫困人口和弱势群体的活动和（如在时间上或劳动使用上的）约束。

二　精准扶贫不仅限于对象精准，更需要进一步从主体性视角递进延伸

从扶贫瞄准机制来看，对象瞄准只是初级精准，

效用和需求瞄准才是精准的核心（项目瞄准）。对于精准而言，需要从对象精准、内容精准、效用精准、预算精准一步一步递进和延伸。松坪村社区主导扶贫通过贫困社区和农户的自我选择评价，实现了扶贫资源在使用过程中的精准递进和延伸。

①对象精准：区县、乡镇行政村、自然村组、贫困户。

②项目内容精准：项目框内，贫困社区和农户自选自我需求的项目。

③效用精准：通过项目评审竞争，以最小的成本代价和建设费用，获得项目效用和效果。

④预算精准：项目经费使用规范合理，资金使用方式精准，自筹自用，避免了滥用、误用、错用。

通过对于松坪村社区主导精准扶贫项目的考察，我们认为还应在以下几个方面进一步完善和提高。

①加强社区辅导、社区动员和社区培训——针对项目设计阶段和预算等技术支持。

②项目选择框适当调整扩大——针对农户生计改善、技术组织等非基础设施项目，结合人力资源培训，提高在人力资源上的扶贫资源投入。

③在重视赋权发展的同时，注重和鼓励社会创新

和技术创新，解决方案上的创新，破解当前扶贫发展上的困境与问题。

④鼓励、促进外部资源引入与合作发展。

⑤加强贫困社区农户的组织化建设和合作化程度，提高其产业化和市场参与能力。

⑥加大资源供给和扶持力度，特别是社会保险和金融技术服务上的支持。

⑦加强信息化建设和产业融合发展在扶贫发展中的促进作用。

通过松坪村项目的实施，构建基于贫困农户发展的主体性转变和多主体合作的扶贫发展机制。形成了给予机会—建立责任—发展能力"三位一体"的扶贫主体发展转化机制。通过资源下沉给予贫困社区和贫困农户新的发展资源和机会，与此同时，作为政府和第三方机构也不是放任不管，而是通过建立相应的民主操作规范，实现赋权一般贫困农户，破除社区精英捕获的制度性困境和问题，建立起其行为主体的责任意识，发展自觉自立自强精神，并通过监督检验进行制度性的奖惩来提升其自信心、获得感、拥有感，增强其主人翁精神，同时也应看到在发展过程中仅仅通过赋权还是不够的，针对深度贫困人口能力短板还要通过赋能和人力培训，在改善物质条件的同时，改变其传统意识和能力。通过资源下沉—建立规则—监督服务"三位一体"的扶贫发展机制创新，同时也实现了政府扶贫机制和扶贫部门职能转变；有效地促进了NGO和政府合作，形成了新型社会化扶贫与政府扶贫相结合的各司其职、各尽其力、各取所长的多元合作发展治理格局。通过社区主导项目的实施，也改变和促进了贫困社区自我管理机制和乡镇行政村、社区干部参与监督管理模式转变。

松坪村以社区为主导的扶贫模式，突出了"参与—赋权—自身能力发展"的重要性，也展现了政府与非政府组织协同扶贫的可能和状态。这有利于推动中国农村的反贫困的发展，特别是有利于探索少数民族贫困区域的反贫困进程。当然，松坪村的反贫困模式也存在缺陷，但就其长期发展和效果而言，还是值得学习和推广的。社区主导与参与式扶贫机制创新的现实意义和价值就在于：首先，基于建构于贫困农户真实需求和个人利益基础上的公共利益，避免了社区公共利益的虚置、滥用、误用、错用；通过采取自然社区为实施单位的组织最小化原则，降低了信息不对称和道德风险，增强了集体行动意愿能力；通过民主选举形成项目监督委员会，真正实现完全的赋权，而不是假参与，形成民间认同的权威和自我认同与自我实施机制，而非外部强制性措施，实现了"我要脱贫"的转变，降低了实施成本；社区主导方式还加强了社会合作，促进了社会资本的形成，使弱势群体的权利、利益、责任和公平以及公共道德等一系列主体性发展和社区秩序得到进一步的维护，实现了和谐稳定和可持续发展。同时也应看到，由于外部环境的变化，这种发展还并不能完全适应外部制度环境要求，其发展变化还有待进一步观察，但毫无疑问，这一探索所提出的问题、包含的理论和实践价值都将成为精准扶贫理论与实践的宝贵资源。

第三节　小结

经过40年的改革开放和市场化转型发展，中国的扶贫行动取得了举世瞩目的成就。在这一过程中，中国贫困人口大幅下降。与此同时，我们也应认识到，扶贫发展依然面临着深度贫困人口攻坚的难题。

长期以来，深度贫困人口受制于恶劣的社会自然条件和历史文化发展形势已成为扶贫脱贫攻坚中的一大难题。尤其是随着农村基础设施和市场条件的大幅改善，贫困主体性问题日益凸显，如何使扶贫行动更具效率和减贫更有效果、可持续是目前扶贫面临的新挑战。

我国的扶贫发展在21世纪已进入一个崭新的阶段。原有的大面积深度贫困伴随着改革开放和市场化地推进开发式扶贫已大为改观，无论是深度贫困人口还是区域都明显减少，扶贫开发已实现从区域瞄准到户瞄准，即所谓"精准扶贫"的转变。在精准扶贫阶段，中国基本建立了扶贫对象动态调整的制度和方法，第一次实现全国贫困信息基本精准到户到人，而且初步建立了比较完善的扶贫治理体系，这也是扶贫工程中的重大进步。但这里面需要认识到，其中的一个深刻变化不仅在于瞄准对象的改变，其更为深刻的内涵还在于扶贫攻坚内容的改变，即扶贫开发从原有的简单改善农村基础设施建设和提高农民产品收入，转变到促进深度贫困农户的人的发展问题。正所谓"授之以鱼，不如授之以渔"，深度贫困脱贫的检验标准并非简单的一时收入的提高，而是要解决其发展能力问题，也就是提高其自立水平，这才是真正脱贫和可持续发展的关键所在。因此，扶贫发展的主体性问题在新时期扶贫攻坚阶段与原有扶贫发展方式有着很大的差异。如果从脱贫的主体性来看，早期扶贫开发仅仅是在改变外在制度环境和基础设施条件下的普惠性发展，脱贫主体主要是通过自我发展实现自致脱贫的话，目前阶段的扶贫开发和精准扶贫所面对的对象就是在市场经济转型和发展过程中的弱势群体、简单地通过一般开发手段无法实现有效发展和在市场竞争中落后的困难群体。对于扶贫攻坚阶段的精准扶贫就绝不简单地是一个扶贫发展资源精准到户的问题，而是攻坚阶段贫困农户的主体性差异，涉及扶贫攻坚发展对象内容和手段方式的改变。

新时期脱贫攻坚发展与传统开发式扶贫另一个不同的特点在于其发展方式上的根本性改变，也就是从原有的以扶贫资源效率和效能为核心，强调扶贫资源配置覆盖面等指导思想的经济开发扶贫观，转变到"两不愁三保障"的经济扶贫和社会道义扶贫兼顾的扶贫发展观，它强调了社会对于深度贫困人群的社会发展的道义责任，使之不能脱离总体社会发展步伐，强调了社会主义基本宗旨在于对在市场经济转型过程中的弱势群体采取更为有力的社会保障措施，帮助其脱离贫困陷阱，实现共同富裕。但也应看到，仅仅具有宏观蓝图并不是就可以高枕无忧了，问题就迎刃而解了。要实现深度贫困人口的全面脱贫和小康目标，仍然任重道远。无论是在发展方式和理念上，还是在操作制度和手法上，尚需要通过创新性发展突破传统体制机制束缚，实现发展方式的转变。

云南省大理市鹤庆县六合乡松坪村是笔者早在2015年就进入考察的，当时其只是NGO社区主导发展的一个村庄。值此开展精准扶贫百村调研之际，我们有机会再次进入这个村庄进行追踪考察。

农村贫困问题从原有的大规模和大面积的绝对贫困逐步转移到以重点贫困县为核心的区域性扶贫，"十五"扶贫发展规划中，也提出了扶贫工作中存在的原有政府主导扶贫体制机制上的一系列问题，其中最核心的就是扶贫方式的重心下移，提出了以整村推进为核心的社区扶贫方式，作为农村村庄社区扶贫发展的最主要形式之一，通过参与式扶贫改变原有扶贫项目存在的"跑""偷""漏"等一系列体制机制痼疾，提高扶贫资源的瞄准度，提高扶贫资源、资金的使用效率和效能，促进扶贫发展方式从简单的物质发展条件的改变转变为物质发展和能力建设相结合的扶贫发展方式的改变。其中最核心的就是通过对贫困村庄社区的赋权和社区内部以及项目实施过程的参与式扶贫，实现扶贫资源配置使用上的重心下移，改变贫困社区在资源配置和发展机会结构上的弱势地位，增强其主体性，保证扶贫资源满足贫困社区发展的内生性需求，实现扶贫发展方式由自上而下的"要我发展"向自下而上的"我要发展"转变。近年来，不管是NGO，还是政府组织采取的发展援助扶贫行动，无论是在范围上还是在深度上都在不断地深化和发展，扶贫发展行动和政策也逐渐由单纯的经济发展和经济脱贫转变到贫困人口能力建设和组织建设上来。已有的包括社区基金发展项目和社区主导发展以及整村推进扶贫等社区发展实践都强调了农民参与和自主决策在发展中的作用，区别于以往的发展实践，在各地也形成了各自特点和发展模式，但无论是在理论上还是在实践上对于贫困社区自助组织的作用和发展机制上尚缺乏总结和一个比较完整可实施的理论与操作方案、指导方案。

本书力图通过对松坪村精准扶贫的案例描述，从微观视角展现政府和非政府贫困社区扶贫发展援助项目的实施操作问题以及农民自助组织的发育和重建过程，分析和总结其中具有一定规律性的发展机制和操作方法，试图为基于贫困农户主体性发展和需求基础上的精准扶贫实践提供一个鲜活的案例。

由于长期历史和文化以及自然资源区位条件形成的深度贫困社区和人口具有的主体弱质性，故而深度贫困社区和贫困农户相对于一般传统意义上的贫困社区和农户在转变自身传统文化理念和行为过程中产生很大的困难。外部环境的脆弱性和自身生存的极度不安全感增加了其文化和行为转变的困难。因此，贫困社区农民文化观念和社会组织管理方式转变必须依托农民自组织的发育和成长与重建。这样才能通过抱团形成集体行动的合力解决其发展中的共同问题和极为分散的公共品供给问题，降低和抵御发展过程中的风险，提高其资源共享和开发利用效率，实现福祉改善，进而促进其观念和行为改变。已有国际发展经验表明：对于深度贫困社区和农户而言，发展援助行动的长期效果取决于发展援助项目在扶贫行动中真正给农民能力提高和组织化程度提高的程度。能力建设和组织建设在发展援助扶贫中的作用和地位日益得到广泛认识和重视。而能力建设和组织建设的培育与发展，要基于赋权，也就是需要将发展的主导权交到被发展援助者手中，使其从一个原来的坐车者变为开车者。只有这样才有可能真正提高其发展的主体性能力，进而实现自立性发展和可持续脱贫，而不是简单的短期仅仅从表面收入来看的暂时性脱贫。扶贫从根本上而言，不是简单物质生活和货币收入的提高，那只是表象，而不是根源。解决深度贫困人口的发展问题的根本乃在于提高其自身的发展能力，实现基于自立、自主的主体性能力提升基础上的可持续脱贫与发展。

附 录

附录 社区主导手册操作表附录

表1 评审及监督委员会成员登记表

_____县_____乡/镇_____村委会

姓 名	分 工	性别	所在村组
	组长		
	副组长		
	委员		
	委员		
	委员		
	委员		
	委员		
	委员		
	委员		
	委员		
	委员		
	委员		
	委员		
	委员		
	委员		
	委员		
	委员		

说明：组长、副组长可由村委会代表担任。

表2 社区项目申请表

_____县_____乡/镇_____村委会____村小组

项目名称	
项目开始时间	项目完成时间

简单描述申请项目的理由	

工程项目的基本情况	

社区村民大会讨论情况	总户数		到会户数	
	同意户数		受益户数	
	1. 村民的讨论情况（时间、地点、讨论的过程、结果）			
	2. 有无争议较大的问题、争议的原因、讨论结果			

项目实施的方式以及社区承诺情况（包括投工投劳、自筹等）	

项目资金筹集与申请	项目总资金预算：_____元 其中：村民自筹资金：_____元 申请资金：_____元 注明：村民的投工投劳不能折算为村民自筹资金。

续表

		品名	单价/规格	数量	金额
	1. 材料采购	例如：水泥			
		山沙			
	2. 设备租用				
	3. 技工聘请				
	4. 运费				
	5. 其他费用				
	合计				
	注明：对外申请的资金不能用于土地补偿费，也不能用于开支管理人员的劳务费、误工费、交通费及餐费等。					
项目的管理制度	投工投劳制度 资金管理制度 物资采购制度 项目质量监督 后续管理制度 注明：具体制度请附申请书之后				

注：项目社区所申报项目获得评审立项后，由乡镇专业技术部门负责对每个社区项目的工程规划、设计以及预算进行复核。复核结果请另以表格形式附在每个社区项目申请表后，作为上级部门和资方审批参考依据。

表3 社区项目申报汇总表

_____县/市/区_____乡/镇_____村委会

序号	申报社区	申报项目名称	项目总预算（元）	申请资金（元）
1				
2				
3				
4				
5				
6				
7				
8				
9				
10				
11				
12				
13				
14				
15				
16				
17				
18				
19				
20				
21				
22				
23				
24				
25				
26				
27				
28				
29				
30				
合计				

说明：序号按照社区排列。

表4 社区评审细则表

_____县/市/区_____乡/镇_____村委会

评审标准	在本行政村的评审中，准备如何细化处理这个重点	分级得分
贫困程度（25分）	需要考虑的要点：按照本行政村的所有自然村的情况划分出不同的类型，每个类型中有不同的等级。例如：有8个自然村，按照经济状况可分为好、中、差三个类型，每个类型中又再分为三个等级，据此，每位委员可根据自己的判断，将每个申请项目的社区判定为某一类中的某一等级	在此项总分值范围内，按不同类级赋予分值，越贫困的分值越高
自力更生程度（15分）	需要考虑的要点：在力所能及的情况下，社区考虑筹资、劳动力投入、当地现有技术、自然资源的投入及利用、山林土地的协调等的程度等	自力更生程度越高的分值越高
预算的规范及合理性（15分）	需要考虑的要点：有分类计算，有计算公式，有价格依据，预算充分考虑了内部资源的动员等	预算规范即合理性越高的分值越高
受益面（15分）	（受益农户及人口数）根据本村情况，由社区项目评审与监督委员会补充	受益面越大的分值越高
项目管理考虑的细致程度（10分）	需要考虑的要点：制度内容全面、具体；人员责任、分工明确；程序方法清晰、可行等，如：1.投工投劳制度 2.资金管理的制度 3.物资采购制度 4.项目质量监督 5.后续管理制度等	管理考虑越细致具体可行的分值越高
社区内部讨论的充分程度（15分）	需要考虑的要点：讨论参与农户数及比例；讨论记录清楚完整；记录了社区矛盾、冲突和解决方案的具体内容等	讨论越充分、问题反映越真实、解决方案越具体的分值越高
其他（5分）	根据本村情况，可由项目评审与监督委员会补充	

说明：1. 总分100分。

2. 分值的高低代表对相关内容的关注程度。

3. 要求"项目评审与监督委员会"主任带领所有委员进行认真讨论，逐条说明本村的情况。

4. 注意最高分不能超本项的总分。

5. "其他"是指经过"项目评审与监督委员会"全体委员充分讨论后，需要补充的标准和内容。

6. 如果没有"其他"增加内容，则把5分加在"对项目管理考虑的细致程度"。

7. 各项目县市区扶贫办在协助各村讨论和制定项目评审标准和打分细则时可以视实际情况设立"客观分"一项。"客观分"是基于针对照顾弱势/贫困的村组政策倾斜设定，但原则上需保证客观公正，易于衡量和操作。"客观分"可由县乡和村委三级干部共同评定，分值不超过25分。

表5 社区项目得分汇总排序表

_____县/市/区_____乡/镇_____村委会

序号	社区名称	项目名称	申请资金	合计得分	是否获得批准

说明：序号按照得分高低排列。

表6 获得批准的项目备案表

_____县/市/区_____乡/镇_____村委会

序号	社区名称	项目名称	申请资金	得分及排序

县扶贫办审核意见（签章）

年　月　日

NGO审核意见（签章）

年　月　日

表7 项目实施过程公示表

_____县/市/区_____乡/镇_____村委会_____社区

项目名称	
资金到位情况	一共到位资金_____元 其中，外部资助_____元 社区集资_____元
资金使用情况	到目前为止，资金使用数额为_____元 剩余_____元 或超支_____元
已使用资金的具体用途	用途　　金额　　付款人　　付款时间
对目前项目质量的自我观察	

项目管理小组组长签字 _____年___月___日	监督小组签字 _____年___月___日
会计签字 _____年___月___日	出纳签字 _____年___月___日
公布日期	_____年___月___日

表8　社区拨款申请表

_____县/市/区_____乡/镇_____村委会_____社区

项目名称	
批准项目资金总额	已拨款总额
此次申请拨款数额	
开户银行资料	开户银行名称： 户　　名： 帐　户　号：
社区项目管理小组成员签字	 _____年_____月_____日
村委会审核意见	签章：_____ _____年_____月_____日
乡/镇政府审核意见	签章：_____ _____年_____月_____日

表9　项目评审与监督委员会项目监测表

_____县/市/区_____乡/镇_____村委会_____

项目社区		项目名称	
项目总投资		申请资金	
工程内容			
资金情况	到位资金____元，其中外部资助____元，社区集资____元		
	目前，资金使用____元，剩余____元或超支____元		
	是否有流水账记录：是（　）否（　）		
	财务单据是否齐全：是（　）否（　）		
	资金是否进行公示：是（　）否（　）		
项目工程实施情况	实施方式	项目管理小组带领全体所有村民（含技工）自主实施（　）	
		项目管理小组带领所有村民（另请技工）自主实施（　）	
		项目管理小组与部分村民（含技工）自主实施（　）	
		项目管理小组带领所有村民（另请技工）自主实施（　）	
		项目管理小组负责实施（请技工）其他村民未参与（　）	
		项目管理小组带领所有村民（另请技工）自主实施（　）	
		项目管理小组包工不包料（　）	
		承包（　）　其他（　　　）	
	工程进度		
	施工质量	优秀（　）良好（　）合格（　）不合格	
社区管理制度执行情况	1. 投工投劳（　）2. 物资采购与管理（　）3. 项目质量监测（　）4. 资金管理（　）5. 后期管理（　）6. 管理小组职责与补助（　）		
评委会签名	评委会主任和副主任必须参加，再从中选出2~3位成员懂工程内容和财务管理的评委会成员参加，监测费用从村级管理费用中支出		

表10 项目评审与监督委员会项目交叉验收表

_____县/市/区_____乡/镇_____村委会_____

项目社区		项目名称	
项目总投资		申请资金	
工程内容			
资金运作情况（15分）	到位资金　　元，其中外部资助　　元，社区集资　　元		
	目前，资金使用　　元，剩余　　元或超支　　元		
	资金结余3分（　）　　账务清晰3分（　）		
	分工明确3分（　）　　资金公示3分（　）		
	社区集资3分（　）		
项目工程实施情况（15分）	实施方式（选择其中一种）	项目管理小组带领全体所有村民（含技工）自主实施5分（　）	
		项目管理小组带领所有村民（另请技工）自主实施4分（　）	
		项目管理小组与部分村民（含技工）自主实施3分（　）	
		项目管理小组带领部分村民（另请技工）自主实施2分（　）	
		项目管理小组负责实施（请技工）其他村民未参与1分（　）	
		项目管理小组包工不包料0分（　）	
		承包50（　）　其他（　　）	
	竣工后工程内容	超出计划工程量5分（　）	
		与计划工程不变3分（　）	
		工程未达到计划要求30分（　）	
	施工质量	优秀5分（　）良好3分（　）合格2分（　）	
		不合格0分（　）	
资料管理（15分）	1.专人保管1分（　）　2.流水账2分（　） 3.财务票据齐全、有效2分（　）　4.投工投劳2分（　） 5.会议记录和实施记录2分（　）　6.物资台账2分（　） 7.自筹清单1分（　）　8.询价单1分（　）		

续表

社区管理制执行情况（15分）	1. 投工投劳2分（　　）　2. 物资采购与管理3分（　　） 3. 项目质量监测2分（　　）　4. 资金管理2分（　　） 5. 后期管理3分（　　）　6. 管理小组职责与补助3分（　　）
验收分数	
监测小组的意见	继续实施（　　） 社区需要整改，方可建议继续实施（　　） 建议中止实施（　　）
评委会签名	在实施前，评委会选出监测和验收小组评委会主任和副主任以及村委会监督委员会主任必须参加，再从中选出2~3位成员（不是本社区的评委会成员）懂工程内容和财务管理的评委会成员参加，监测费用从村级管理费用中支出

根据验收分数，若低于15分该社区将禁止参加下一轮的CDD评审；验收分数在15~30分以内，该社区项目需进行整改。50分以上的社区项目进行表扬；下一轮的CDD评审，其中评审分数有6~10分为鼓励分，根据分数，确定实施项目社区的鼓励分数。

参考文献

〔美〕埃斯科瓦尔（Esoobar, A.）:《遭遇发展：第三世界的形成与瓦解》，汪淳玉、吴惠芳、潘璐译，叶敬忠译校，社会科学文献出版社，2011。

〔美〕康西安、〔美〕丹齐革等:《改变贫困，改变反贫困政策》，刘杰等译，中国社会科学出版社，2014。

〔美〕斯蒂格利茨、〔印〕森、〔法〕菲图西著《对我们生活的误测：为什么 GDP 增长不等于社会进步》，阮江平、王海防译，新华出版社，2014。

〔美〕斯科特:《农民的道义经济学：东南亚的反叛与生存》，程立显等译，译林出版社，2001。

〔美〕伊斯特利:《经济增长的迷雾：经济学家的发展政策为何失败》，姜世明译，中信出版社，2016。

〔美〕诺曼·厄普霍夫等:《成功之源：对第三世界国家农村发展经验的总结》，江立华等译，广东人民出版社，2006。

〔美〕布莱克莫尔等:《扶贫认证亚洲小农户可持续认证效益评估》,乔玉辉译,中国农业出版社,2013。

〔印度〕阿马蒂亚·森:《以自由看待发展》,任赜、于真译,中国人民大学出版社,2002。

北京大学法学院人权研究中心编《以权利为基础促进发展》,北京大学出版社,2005。

北京大学社会学系嘉里郭氏基金脱贫模式课题组:《理想主义与现实改造:一项关于社会公益组织的个案研究与反思》,社会科学文献出版社,2016。

毕天云:《社会福利场域的惯习:福利文化民族性的实证研究》,中国社会科学出版社,2004。

曹小曙、许志桦、马林兵、黄晓燕等:《中国乡村发展——交通可达性及其影响研究》,2014。

丁寇延、袁天鹏:《可操作的民主:罗伯特议事规则下乡全记录》,浙江大学出版社,2012。

刘福元:《行政参与的度量衡:开放式行政的规则治理》,法律出版社,2012。

刘胜安:《社区自主型发展:国际经验与中国实践》,光明日报出版社,2012。

刘小珉:《贫困的复杂图景与反贫困的多元路径》,社会科学文献出版社,2017。

刘永功主编《参与式扶贫规划与项目管理》，中国农业大学出版社，2007。

鲁可荣、杨亮承、朱启臻:《精准扶贫与乡村再造：基于云南禄劝实践的反思》，社会科学文献出版社，2017。

罗必良等:《农业家庭经营：走向分工经济》，中国农业出版社，2017。

苏芳:《可持续生计：理论、方法与应用》，中国社会科学出版社，2015。

孙立平等:《动员与参与：第三部门募捐机制个案研究》，浙江人民出版社，1999。

田阡:《自为与共享：连片特困地区农村公共品供给的社会基础》，人民出版社，2015。

童宁:《农村扶贫资源传递过程研究》，人民出版社，2009。

向德平等:《巾帼脱贫：农村贫困妇女扶持政策评估及建议》，社会科学文献出版社，2015。

邢成举:《精英俘获：扶贫资源分配的乡村叙事》，社会科学文献出版社，2017。

徐震:《社区发展——方法与研究》，中国文化大学出版部，1985。

徐鲜梅等:《小额信贷与中国扶贫：经验与思考》，中国妇女出版社，1998。

杨秋林、沈镇宇主编《农业项目的管理——着重世界银行的经验》，农业出版社，1991。

张光:《日本对外援助政策研究》，天津人民出版社，1996。

张佩国:《财产关系与乡村法秩序》，学林出版社，上海世纪出版股份有限公司，2007。

中国反贫困案例编委会:《生存与发展的选择——中国反贫困案例研究文集》，中国发展出版社，1991。

周大鸣、秦红增:《参与式社会评估：在倾听中求得决策》，中山大学出版社，2005。

朱健刚:《行动的力量：民间志愿组织实践逻辑研究》，商务印书馆，2008。

朱玲、蒋中一:《以工代赈与缓解贫困》，格致出版社、上海人民出版社，2014。

郭君平:《参与式社区综合发展的减贫防贫效应研究——基于多维动态视角》，经济科学出版社，2018。

朱启臻、鲁可荣:《柔性扶贫：基于乡村价值的扶贫理念》，中原农民出版社，2016。

朱晓阳主编《边缘与贫困——贫困群体研究反思》，社会科学文献出版社，2012。

白丽、赵邦宏:《产业化扶贫模式选择与利益联结机制研究》,《河北学刊》2015年第4期。

程玲、向德平:《社区发展基金的变迁、管理及绩效分析——以云南省剑川县、禄劝县社区发展基金为例》,《华中师范大学学报》(人文社会科学版)2010年第5期。

段淇斌:《西部贫困地区产业扶贫模式创新研究——以临夏州和政县啤特果产业为例》,《开发研究》2015年第6期。

何广文:《农村社区发展基金的运作机制及其绩效诠释》,《经济与管理研究》2007年第1期。

揭子平、丁士军:《滇桂边境民族地区贫困的特殊性及反贫困对策——以云南梁河县和广西防城区为例》,《中南民族大学学报》(人文社会科学版)2018年第1期。

赖力:《精准扶贫与妇女反贫困:政策实践及其困境——基于贵州省的分析》,《华中农业大学学报》(社会科学版)2017年第6期。

李博、左停:《精准扶贫视角下农村产业化扶贫政策执行逻辑的探讨——以Y村大棚蔬菜产业扶贫为例》,《西南大学学报》(社会科学版)2016年第4期。

李迎生、徐向文:《发展型福利视野下中国反贫困社会政策的改革创新——基于一个本土化分析框架》,《社会科学》2018年第2期。

刘建生、陈鑫、曹佳慧:《产业精准扶贫作用机制研究》,《中国人口·资源与环境》2017年第6期。

任付新:《阿马蒂亚·森的贫困理论及其方法论启示》,《江汉学术》2018年第1期。

王刚、白浩然:《脱贫锦标赛:地方贫困治理的一个分析框架》,《公共管理学报》2018年第1期。

王曙光、胡维金:《社区发展基金与金融反贫困》,《农村经济》2012年第2期。

杨善华主编《城乡日常生活:一种社会学分析》,社会科学文献出版社,2008。

张雪梅、李晶、李小云:《妇女贫困:从农村到城乡,从收入贫困到多为贫困——2000年以来中国"妇女贫困"研究评述与展望》,《妇女研究论丛》2011年第5期。

后　记

　　松坪村乃是笔者早年针对云南扶贫项目考察评估接触到的一个典型的高寒山区深度贫困民族村。精准扶贫精准脱贫百村调研项目给了一个机会重返这个村庄，并将社区主导与精准扶贫进行对比性调研思考。庄稼生长离不开阳光和水，但是也并非水和阳光越多越强就越好。无论旱还是涝对作物生长都是灾害，只有适度适时才是农作物生长所需要的。它是不以人的意志为转移、不可抗拒的自然规律。这说明了对于事物的发展干预应遵循其主体发展需求的内在属性规律，而不能任性地采取揠苗助长的过度或者不恰当的人为干预，对于发展干预的精准扶贫也应如是观。

　　在调研过程中，笔者深刻感受到当地的贫困以及资源的缺乏。2017年5月，松坪村才基本通上自来水，初步解决健康用水的问题。但是从访谈和生活过程中可以看出，农民依旧非常珍惜水，甚至连洗澡都很少。另外，住房非常直观地显示了当地农户低水平的生活状况。村内房屋还是以泥砖为主，而且到处都能看到"空架房"，因为建不起而只能建几面墙而居住。当然，在生活中的方方面面，笔者都能感受到与其他地区的差异，就不一一赘述了。

我们深刻地感受到深度贫困脱贫的核心检验标准并非简单的一时收入的提高，而是要解决其发展能力问题，也就是提高受援式自立水平，才是能否真正脱贫和可持续发展的关键所在。因此，扶贫发展的主体性问题在新时期扶贫攻坚阶段与原有扶贫发展方式有着很大的差异。如果说从脱贫的主体性来看，早期扶贫开发仅仅是在改变外在制度环境和基础设施条件下的普惠性发展，脱贫主体主要是通过自我发展实现自致脱贫的话，那么在目前阶段的扶贫开发和精准扶贫所面对的对象就是在市场经济转型和发展过程中的弱势群体、简单地通过一般开发手段无法实现有效发展和在市场竞争中落后的困难群体。对于扶贫攻坚阶段的精准扶贫绝不简单地是一个扶贫发展资源精准到户的问题。而是攻坚阶段贫困农户的主体性差异，涉及扶贫攻坚发展对象内容和手段方式的改变。

最后，要特别感谢NGO昆明项目办的冯明玲女士，张松、张斌、陈学崇先生，他们既为本书的实地调查提供了极大的帮助和支持，也在书稿形成和讨论过程中给予了诸多宝贵的意见和建议，提供了他们宝贵的实践经验和思想总结。当然本书中所有错谬都是笔者的责任。感谢支持和参与这次调研活动的鹤庆县扶贫办、六合乡政府、松坪村村委会和社区发展中心等各方面的领导，也感谢参与调研的笔者的研究生王一鸣和云南大理大学的大学生们。同时更要感谢松坪村的热情善良的村民，他们在百忙之中，甚至在忙碌的同时例如晒烟、摘烟叶等，都会抽出时间停下手上的活儿来招待访谈人员，态度友好地接受我们的问卷调查和访谈。我们既体验到松坪村的生活很清苦，同时也看到村民对于未来生活的向往、充满希望和幸福感的笑脸。虽然高山之上的村民去一趟市集是非常困难的事情，故而物资不丰富，也没有手机、电脑以及相关的现代娱乐活动，但是，每一个村民都感恩生活，愉快地生活。我们也祝愿这里的村民生活得越来越幸福、美满和丰裕。

李人庆
2020 年 8 月

图书在版编目(CIP)数据

精准扶贫精准脱贫百村调研. 松坪村卷：少数民族贫困山村的社区主导扶贫 / 李人庆, 齐云晴著. -- 北京：社会科学文献出版社, 2020.10
　ISBN 978-7-5201-7505-0

　Ⅰ.①精… Ⅱ.①李… ②齐… Ⅲ.①农村-扶贫-调查报告-鹤庆县 Ⅳ.①F323.8

中国版本图书馆CIP数据核字（2020）第208998号

·精准扶贫精准脱贫百村调研丛书·

精准扶贫精准脱贫百村调研·松坪村卷
——少数民族贫困山村的社区主导扶贫

著　　者 / 李人庆　齐云晴

出 版 人 / 谢寿光
组稿编辑 / 邓泳红
责任编辑 / 宋　静

出　　版 / 社会科学文献出版社·皮书出版分社（010）59367127
　　　　　地址：北京市北三环中路甲29号院华龙大厦　邮编：100029
　　　　　网址：www.ssap.com.cn
发　　行 / 市场营销中心（010）59367081　59367083
印　　装 / 三河市尚艺印装有限公司

规　　格 / 开　本：787mm×1092mm　1/16
　　　　　印　张：10.5　字　数：79千字
版　　次 / 2020年10月第1版　2020年10月第1次印刷
书　　号 / ISBN 978-7-5201-7505-0
定　　价 / 59.00元

本书如有印装质量问题，请与读者服务中心（010-59367028）联系

▲ 版权所有 翻印必究